Josef Fritsche

Mit Jesus Christus durch das Kirchenjahr

Josef Fritsche

Mit Jesus Christus durch das Kirchenjahr

Anregungen zu einer vertieften Gottes- und Christusbeziehung

Fromm Verlag

Impressum / Imprint
Bibliografische Information der Deutschen Nationalbibliothek: Die Deutsche Nationalbibliothek verzeichnet diese Publikation in der Deutschen Nationalbibliografie; detaillierte bibliografische Daten sind im Internet über http://dnb.d-nb.de abrufbar.

Bibliographic information published by the Deutsche Nationalbibliothek: The Deutsche Nationalbibliothek lists this publication in the Deutsche Nationalbibliografie; detailed bibliographic data are available in the Internet at http://dnb.d-nb.de.

Coverbild / Cover image: www.ingimage.com

Verlag / Publisher:
Fromm Verlag
ist ein Imprint der / is a trademark of
OmniScriptum GmbH & Co. KG
Heinrich-Böcking-Str. 6-8, 66121 Saarbrücken, Deutschland / Germany
Email: info@frommverlag.de

Herstellung: siehe letzte Seite /
Printed at: see last page
ISBN: 978-3-8416-0476-7

Vorwort

Das Fundament unseres christlichen Glaubens ist Jesus Christus als Sohn Gottes, als Erlöser und Freund der Menschen und als Retter der Welt. „Denn einen anderen Grund kann niemand legen als den, der gelegt ist: Jesus Christus“ (1 Kor 3,11). Im Mittelpunkt der christlichen Verkündigung steht daher immer Jesus Christus; seine Botschaft kann und darf nicht von IHM getrennt betrachtet werden.

Die Beiträge in diesem Buch sind Predigten, die innerhalb einer Eucharistiefeier gehalten wurden. Bei der Lektüre dieser Predigten stelle man sich vor, selber ein Glied der gottesdienstlichen Gemeinde zu sein, die aufmerksam auf das Wort des Predigers hört. Im „gemeinsamen“ Hören kann das Wort tiefer in unsere Seele dringen und unsere Herzen nachhaltiger bewegen.

Die Texte bilden einen kleinen Ausschnitt von den zahlreichen Predigten, die zum Weihnachts- und Osterfestkreis und anlässlich einiger weiterer kirchlicher Hochfeste gehalten wurden. Manchmal sind zu einem Fest zwei oder drei Beiträge abgedruckt und werden mit (A) (B) (C) bezeichnet. Diese Bezeichnungen beziehen sich aber nicht auf die drei Lesejahre A - B - C der katholischen Kirche.

Das vorliegende Buch möchte dazu beitragen, den Glauben an Jesus Christus zu vertiefen, in der Liebe zu IHM zu wachsen und immer besser in seinem Geiste zu leben und zu handeln - zur Ehre Gottes und zum Heil der Menschen.

Josef Fritsche, Pfarrer

Inhalt

WEIHNACHTSFESTKREIS

OSTERFESTKREIS

WEITERE KIRCHLICHE HOCHFESTE

WEIHNACHTSFESTKREIS

1. Adventssonntag

Wach und bereit

"Hätte ich doch..."

Wer hat sich nicht schon den Vorwurf machen müssen: "Hätte ich doch...!" Hätte ich doch in der Schule fleissiger gelernt! Hätte ich doch auf meine Eltern gehört! Hätte ich mich doch auf jenes Inserat hin gemeldet. Hätte ich doch nie zu rauchen begonnen! Hätte ich doch auf der Strasse besser aufgepasst! Hätte ich mich doch mit meiner Frau / mit meinem Mann versöhnt! - Hinter jedem "Hätte ich doch" steht die Erkenntnis, dass das Leben eines Menschen einen anderen Verlauf genommen hätte, wenn die Gelegenheit, die sich geboten hat, nicht verpasst worden wäre.

Verpasste Gelegenheiten und ihre Folgen

Nicht jede verpasste Gelegenheit zieht die gleichen schwerwiegenden Folgen nach sich. Meistens lässt sich im Nachhinein noch manches zum Besseren verändern. Aber gibt es nicht auch die verpasste Gelegenheit, die durch nichts und niemanden korrigiert werden kann?

Das dreifache Kommen des Herrn

Wir stehen jetzt zu Beginn des Advents – eine Zeit, die uns einlädt, uns auf das entscheidend Wichtige zu besinnen. Advent erinnert uns an das dreifache Kommen des Herrn:

➢ Zunächst erinnert uns der Advent an die erste Ankunft unseres Erlösers – damals im Stall von Bethlehem; wir bereiten uns auf Weihnachten vor – das Geburtsfest von Jesus.

- Der Advent erinnert uns zweitens an die tägliche Ankunft Jesu Christi bei uns. Er kommt, wenn wir in seinem Namen versammelt sind, auf sein Wort hören und ihn im eucharistischen Brot empfangen. Er kommt auch auf uns zu im Anruf unserer Mitmenschen, die unsere Hilfe brauchen.
- Drittens erinnert Advent daran, dass Jesus Christus einmal kommen wird am Ende der Zeiten, als Richter über Lebende und Verstorbene.

Jesu Mahnung zur Wachsamkeit

Jesus mahnt uns im heutigen Evangelium (Mk 13,33-37) zur Wachsamkeit, damit wir seine Ankunft nicht verpassen. Die Ankunft Jesu, die Wiederkunft Jesu gibt es nicht nur am Ende der Weltzeit, sondern heute und jeden Tag und für jeden persönlich bei seinem irdischen Tod. Da gilt es bereit zu sein. Wir kennen weder den Tag noch die Stunde. Diese Wachsamkeit aber sollen wir jeden Tag neu einüben und praktizieren.

In einem zweifachen Sinn sollen wir ganz wach und wachsam werden:

a) **Wachwerden auf Gott hin!** Gott möchte neu und tiefer in unser Leben kommen. Wir sollten uns oft fragen: „Gott, was willst du von mir?“ Gott spricht aber leise zu uns. Darum ist das Stillwerden wichtig. Gott klopft meistens ganz leise an. Vielleicht gelingt es uns, auch in dieser oft so geschäftigen Adventszeit doch vermehrt uns Zeit zu nehmen für Gott: dass wir in uns hineinhorchen und spüren, dass Gott auch in unserem Innersten wohnt und lebt und neu und tiefer bei uns ankommen möchte. Der Advent lädt uns ein, neu zu lernen auf Gottes Wort hören und gläubig in der Gemeinschaft mit Jesus zu leben.

b) **Wachsam werden und wach sein auf die Mitmenschen hin:** Jesus will, dass wir offene Augen und offene Ohren füreinander haben: Eltern für ihre Kinder, Kinder für ihre Eltern, Geschwister für ihre Brüder und

Schwestern, Schüler für ihre Schulkameraden, Menschen am Arbeitsplatz füreinander. Wachwerden für die Mitmenschen heisst: erspüren, wo jemand mich braucht: meine Hilfe, mein Mitgefühl, mein stilles Dasein und mein Bleiben bei ihm.

Heute und jeden Tag können und sollen wir wach und wachsam sein und uns auf die Ankunft Jesu vorbereiten:

> Ich habe bei Sekundarschülern einmal schriftlich die Umfrage gemacht: "Was würdest du tun, wenn Du noch einen Tag zu leben hättest?". Da kamen sehr bedenkenswerte Antworten: "Ich würde intensiv zu Gott beten... Ich würde in die heilige Messe gehen und nochmals die heilige Kommunion empfangen... Ich würde mit allen Frieden schliessen... Ich würde nochmals beichten...Ich würde Gott für mein Leben danken...Ich würde mit meinem Vermögen den Armen helfen...usw."

Sehr interessante und aufschlussreiche Antworten! Was nun angesichts des Todes wichtig ist, ist jetzt schon wichtig. Wer erst im Augenblick des Kommens Christi - bei seinem irdischen Sterben - anfangen muss, sich für die Ewigkeit bereitzumachen, der ist vielleicht oder ganz sicher zu spät dran. Entscheidend ist, dass wir hier und heute und jeden Tag versuchen, nach Gottes Willen zu fragen. Dann sind wir immer bereit. Darum ist es gut, die Mahnung Jesu zur Wachsamkeit ernst zu nehmen. Dann müssen wir uns nie den Vorwurf machen: "Hätte ich doch....".

2. Adventssonntag

Umkehr als Gabe und Aufgabe

Aufruf zur Umkehr

Wie ein roter Faden zieht sich der Aufruf zur Umkehr durch die ganze Bibel: von der ersten bis zur letzten Seite.

- Im Alten (ersten) Testament waren es vor allem die Propheten, die das Volk zur Umkehr und zur Erneuerung ihres Lebens aufgerufen haben.
- Am Übergang vom Alten zum Neuen Bund ist es Johannes der Täufer, der die Menschen aufrüttelt: „Kehrt um! Denn das Himmelreich ist nahe." Wir haben es im heutigen Evangelium gehört. Als Zeichen der inneren Bereitschaft haben die Umkehrwilligen die Busstaufe empfangen.
- Beim öffentlichen Auftreten ist es dann Jesus selbst, der die Menschen zur Umkehr mahnt und sie aufruft, sich auf Gott und sein Reich der Liebe einzulassen.
- Und durch alle Jahrhunderte hindurch hat die Kirche Menschen zur Besinnung und inneren Umkehr aufgerufen, damit sie das Liebesangebot Gottes nicht verscherzen oder undankbar zurückweisen.

Umkehrwilligkeit setzt aber Selbsterkenntnis voraus: die Erkenntnis nämlich, dass wir alle noch sehr unvollkommen sind.

Der Mensch – ein Sünder

Nichts ist uns Menschen so sehr gemeinsam wie Sünde und Schuld. Die ganze Menschheitsgeschichte ist eine Geschichte von Schuld und Versagen, eine Geschichte von Gottvergessenheit und Gleichgültigkeit, von Egoismus und Hochmut, von Bosheit und Untreue, eine Geschichte von Lüge und Unehrlichkeit, von Neid und Eifersucht bis hin zu Menschenverachtung und Menschenhass.

Da kann es nicht überraschen, dass die Schilderung von menschlicher Sünde und Schuld auch wie ein roter Faden sich durch die ganze Bibel zieht.

Gottes Liebe ist grösser als alle Schuld der Menschen

Aber das ist nur die eine Seite. Ebenso und noch mehr zeigt uns die Bibel die göttliche Zuwendung zum schwachen, sündigen und verlorenen Menschen. Gott kann den Menschen nicht aufgeben. Jeden Tag und jede Stunde wirbt Gott um den Menschen und seine Liebe. Er möchte dem Menschen seine ursprüngliche Würde und Bestimmung zurückgeben. „Rette uns, dein Ebenbild", haben wir im Lied vor dem Evangelium gesungen. Gott ruft zur Bekehrung, zur Umkehr auf, damit wir unserer ursprünglichen Berufung und Bestimmung wieder entsprechen.

Umkehr muss sich immer in einer doppelten Stossrichtung vollziehen: in einer gläubigen, vertieften Hinwendung zu Gott und in einer gütigen Zuwendung zu den Mitmenschen. Das eine ist nicht vom anderen zu trennen.

1. Umkehr als gläubige Hinwendung zu Gott

Die Menschen sind immer wieder in Versuchung, Gott zu vergessen oder ihn mindestens auf den dritten, vierten oder gar letzten Platz in ihrem Leben zu verweisen. Je besser es den Menschen geht, umso mehr vergessen sie Gott: „Nichts erträgt der Mensch so schlecht wie eine Reihe guter Tage" (Pfarrer Werner Durrer). Dieses Wort scheint sich immer wieder zu bestätigen. Es müsste nicht so sein. Man könnte Gott auch dankbar sein, wenn es einem gut geht.

Ich habe mir schon oft überlegt, wie die Menschen den Weg zu Gott neu entdecken und finden könnten. Ich glaube, es müsste in den Menschen wieder eine ganz tiefe Sehnsucht nach Gott wach werden. Doch wie kann diese Sehnsucht geweckt werden? Ich möchte darauf mit der Erfahrung eines Bauern antworten, wie sie der bekannte deutsche Pfarrer Willi Hoffsümmer uns in einem seiner Bücher schildert:

> Wie kann man einen Esel, der scheinbar keinen Durst hat, trotzdem zum Trinken bewegen? Wie kann man – bei allem Respekt – einen Menschen dazu bringen, nach Gott zu dürsten, wenn er diesen Durst verloren hat und sich mit Bier und Schnaps, Fernsehen und Autofahren zufrieden gibt?
> Lernen wir aus der Tierwelt! Soll man es bei einem Esel mit dem Stock versuchen? Das wäre Tierquälerei! Soll man es mit Zucker oder Salz versuchen? Das würde den erfrischenden Geschmack des Wassers verwischen. Es scheint nur eine Lösung zu geben: Man muss einen durstigen Esel herbeibringen, der ausgiebig, mit grossem Genuss und Behagen an der Seite seines Artgenossen aus dem Eimer trinkt. Aber ohne jedes Theater, einfach, weil er Durst hat, einen grossen, unstillbaren Durst! Das wird seinen Artkollegen nicht unbeeindruckt lassen. Die Lust wird ihn packen, sich zum Eimer zu neigen und in tiefen Zügen das erfrischende Wasser zu trinken.
> Und die Lehre aus dieser Geschichte: Menschen, die Hunger und Durst nach Gott haben, sind für ihre Mitmenschen die bessere Predigt als viele erbauliche Reden.

Müssten wir als Christen nicht alle solche Menschen sein, die wirklich Hunger und Durst nach Gott haben. Das wäre der erste Schritt zur wahren Umkehr, dem weitere Schritte folgen werden: Vertieftes persönliches Beten zu Gott, regelmässige und dankbare Mitfeier der heiligen Messe, ein Leben aus dem Glauben im gewöhnlichen Alltag. Unser Leben wird dann wieder innerlicher, froher, zufriedener. Gott gewinnt neu Raum in uns. Sein göttliches Leben pulsiert wieder neu in uns. Das wird dann auch nicht ohne Wirkung auf unsere Mitmenschen sein. Das alles wird anderen helfen, dass auch sie die Quellen der göttlichen Liebe wieder entdecken.

2. Umkehr als Hinwendung zum Mitmenschen

Die Ausrichtung auf Gott schliesst automatisch auch eine neue und tiefere Hinwendung zum Mitmenschen ein. In der heutigen Lesung gibt uns Paulus dazu die beste Anweisung: „Nehmt einander an, wie auch Christus uns angenommen hat, zur Ehre Gottes“ (Röm 15,7). Weil Christus uns angenommen hat, können wir auch einander annehmen. Weil Christus uns liebt, können wir auch einander Liebe zeigen. Weil Christus uns verziehen hat, können wir auch einander verzeihen. Weil Christus uns bis zum Letzten gedient hat, sind auch wir berufen, einander zu dienen. Dabei können wir eine wunderbare Erfahrung machen: Wer andern hilft, dem ist selbst geholfen. Wer sich andern zuwendet, erfährt selber Zuneigung und Geborgenheit. Wer für andere ein Herz hat, wird selber Liebe erfahren.

Liebe Gläubige! Gütige Zuwendung zu den Mitmenschen und gläubige Hinwendung an Gott; das ist die wahre Umkehr, die Gott von uns erwartet. Gerade diese Adventszeit lädt uns ein, uns jeden Tag neu in diese Haltung und christliche Lebenspraxis einzuüben.

3. Adventssonntag (A)

Gaudete - Freuet euch

Wann habt Ihr das letzte Mal „s’Gaudi“ gehabt, konntet ihr von Herzen lachen und euch freuen? Kinder im Vorschulalter können manchmal durch ihre drollige Art eine ganze Gesellschaft unterhalten, so dass alle „s’Gaudi“ haben. Oder vielleicht haben wir im Kameradenkreis „s’Gaudi“ gehabt: ein lustiges Wort hat das andere ergeben und wir haben Tränen vergossen vor Lachen.

„s’Gaudi ha“ verträgt sich gut mit einer christlichen Lebenseinstellung und Lebenshaltung. Gaudi kommt vom lateinischen „gaudere“ und bedeutet: „sich freuen“. Woran sollen wir uns denn freuen?

➢ Wir dürfen uns freuen am eigenen Leben. Das Leben ist doch ein Wunder und ein Geschenk, wenn wir es recht bedenken.

➢ Wir dürfen uns freuen an unseren Mitmenschen: an der spielerischen Unkompliziertheit und Spontaneität der Kinder, an hilfsbereiten Nachbarn, an einem guten Lebenspartner/an einer treuen Lebenspartnerin. Ein Mann schrieb einmal seiner Frau nach vielen Ehejahren: "Ich danke dir, dass es dich gibt; denn nur weil es dich gibt, gibt es mich so, wie du mich kennst". Wenn man so etwas schreiben kann, ist das nicht Grund zur Freude und Dankbarkeit?!

Manche Menschen machen uns vielleicht auch Mühe. Aber wir sollen auch die guten Seiten der Mitmenschen entdecken. Eine Appenzeller Ordensschwester sagte jeweils, wenn andere über ihre Mitmenschen schimpften: "Ach, die Menschen sind besser, als wir meinen. Gott ist doch kein Lumpensammler. Alle Menschen sind doch seine geliebten Kinder".

➢ Wir dürfen uns freuen über die Natur, einen faszinierenden Wintermorgen, eine klare Sternennacht, über einen Sonnenaufgang, über die vielen Schönheiten in der Natur.

➢ Wir können und dürfen uns freuen an Musik und Gesang. Gute Musik und inniger Gesang ist Nahrung und Balsam für unsere Seele.

➢ Wir können uns freuen an unserer Arbeit: uns freuen, dass wir arbeiten können und arbeiten dürfen. Die Arbeit hilft uns, nicht nur den Lebensunterhalt zu verdienen, sondern auch unsere Fähigkeiten und Talente zu entfalten.

➢ Wir dürfen uns freuen an all den guten Sachen des Lebens. Ein Kapuzinerpater, der einen guten Tropfen Wein sehr schätzte, wurde einmal gefragt, ob er als Ordensmann nicht doch etwas asketischer leben sollte. Darauf sagte dieser: "Der liebe Gott hat die guten Sachen nicht nur für die Schlawiner gemacht".

➢ **Wir dürfen und sollen uns vor allem freuen an unserem Gott, der uns nahe ist und noch näher kommen will.** Das ist das Thema des heutigen 3. Adventssonntags, des "Gaudete-Sonntags". Im Brief an die Philipper schreibt Paulus: „Freut euch im Herrn zu jeder Zeit! Noch einmal sage ich Euch: Freut euch! Denn der Herr ist nahe" (Phil 4,4-5).

Grund zur Freude ist Gott, der uns ganz nahe gekommen ist in Jesus Christus, seinem Sohn. Dieses Geheimnis feiern wir jetzt wieder ganz besonders in der Advents- und Weihnachtszeit: Gott ist ein naher und menschenfreundlicher Gott - ein Gott der Freude. Zu allen Zeiten haben die Menschen aus diesem Gott der Freude Kraft geschöpft für ihr Leben. Schon im alttestamentlichen Buch Nehemia heisst es: „Die Freude am Herrn ist eure Stärke" oder in einer andern Übersetzung: „Die Freude an Gott ist eure Kraft" (Neh 8,10). Die Freude an Gott und die Gemeinschaft mit IHM ist die grösste und zuverlässigste Kraftquelle im Leben.

Die Advents- und Weihnachtszeit lädt uns ein, uns wieder auf die wahre Freude zu besinnen. Diese ist vor allem in Gott zu finden und in der Gemeinschaft mit ihm. Das hat besonders auch Schwester Mutter Teresa von Kalkutta erfahren (1910 -1997). Von ihr stammen die folgenden Worte:

> „Freude ist Gebet. Freude ist Stärke. Freude ist ein Netz, mit dem man Menschen für Gott gewinnen kann. Ein liebendes Herz ist ein frohes Herz. Lass nie zu, dass sich die Sorge darin so breit macht, dass sie darüber die Freude über den menschgewordenen und auferstandenen Christus vergisst. Freude ist, 24 Stunden im Tag mit Jesus zu sein...".

Lassen wir die Lebensfreude nie versiegen und suchen wir sie vor allem dort, wo sie zu finden ist: in Gott.

Der Apostel Paulus fährt dann im Philipperbrief noch weiter und schreibt: „Eure Güte werde allen Menschen bekannt" (Phil 4,6). Ein Mensch, der von innerer Glaubensfreude erfüllt ist - von der Freude über seinen Gott - wird diese Freude auch weitertragen. Er kann gar nicht anders. Die Freude an Gott wird aus seinem Inneren strahlen und sich auch zeigen im Gutsein zu den Menschen. Gerade auch darin ist Mutter Teresa für uns ein Zeichen: Sie hat sich um Hunderte und Tausende von Kranken und Sterbenden gekümmert und ihnen so etwas von der Liebe und vom Frieden Gottes vermittelt.

„Eure Güte werde allen Menschen bekannt“, das ist vielleicht schon etwas viel, das der Apostel Paulus verlangt. Aber wenigstens ein paar Menschen können wir Gottes Güte und seine Freude erfahrbar machen. Ein deutscher Dichter (Friedrich Nietzsche) gibt uns hier einen guten Rat:

> „Das beste Mittel, jeden Tag gut zu beginnen, ist: beim Erwachen daran zu denken, ob man nicht wenigstens einem Menschen an diesem Tag eine Freude machen könnte“.

Wenigstens einem Menschen jeden Tag eine kleine Freude machen! Das eigentlich sollte allen von uns möglich sein. Fangen wir heute an! In diesem Sinn wünsche ich Euch allen einen glücklichen „Gaudete-Sonntag“. Ja noch mehr: Ich wünsche, dass jeder Tag für Euch ein Gaudete-Tag wird - ein Tag, an dem wir Freude erfahren und Freude schenken.

3. Adventssonntag (B)

Das Zeugnis Johannes des Täufers

Es war während der olympischen Sommerspiele 1972 in München. Gespannt erwartete man den Sieger des Marathonlaufes zu seiner letzten Runde im Stadion. Da schmuggelte sich, unbemerkt von Aufsehern, ein junger Mann auf die Laufbahn, drehte unter dem Applaus der Zuschauer seine Runde und wurde als Sieger beklatscht. Erst später merkten die Zuschauer: wir haben den Falschen beklatscht. Hier war ein "Vorläufer", der dem Sieger die Show gestohlen hatte.

Johannes - der Vorläufer Jesu

Von einem Vorläufer erzählt das heutige Evangelium: dem Vorläufer Jesu, von Johannes. Allerdings handelte dieser Vorläufer ganz anders. Wenn man ihn beklatschen wollte, wehrte er ab: "Nach mir kommt einer, der stärker ist als ich. An IHN müsst ihr euch halten". Ein anderes Mal sagte er im Blick auf Jesus: "Ich muss abnehmen, er aber zunehmen". Johannes war ein Vorläufer, der sich über seine Rolle im Klaren war: „Ich bin nicht der Messias; ich bin es nicht wert, ihm die Schuhe aufzuschnüren“. Ich bin nicht der Mittelpunkt, aber ich weise auf den Mittelpunkt - auf das Zentrum hin.

Der Christ - Fingerzeig auf Christus

Was hier von Johannes und über seine Sendung gesagt wird, das müsste für jeden Christ / jede Christin gelten: Auf Christus hinweisen! Von Johannes heisst es denn auch: "Er kam als Zeuge, um Zeugnis abzulegen für das Licht, damit alle durch ihn zum Glauben kommen. Er war nicht selbst das Licht, er sollte nur Zeugnis ablegen für das Licht" (Joh 1,7-8). Ein Christ wird sich immer verstehen als Zeuge für Christus, als Wegweiser und Führer zu IHM. In die Mitte gehört immer nur Einer: Jesus Christus.

Das können die Christen und eine christliche Gemeinde nicht genug zu Herzen nehmen. Christus ist die einigende Mitte, dass in einer christlichen Gemeinde Friede und Einheit herrscht.

Diesen Gedanken möchte ich mit einer kleinen Geschichte noch etwas veranschaulichen:

Von der Mitte - Jesus Christus - gehalten

> Der Abt eines Klosters wurde von den Besuchern gefragt: "Wie ist es möglich, dass alle Mönche trotz ihrer verschiedenen Herkunft, Veranlagung und Bildung eine Einheit darstellen?"
> Statt einer theoretischen Erklärung antwortete der Abt mit einem Bild: "Stellt euch ein Rad vor. Da sind Felge, Speiche und Nabe. Die Felge ist die umfassende Mauer, die aber nur äusserlich zusammenhält. Von diesem Rand des Rades aber laufen die Speichen in der Mitte zusammen und werden von der Nabe gehalten. Die Speichen sind wir selbst, die einzelnen unserer Gemeinschaft. Die Nabe ist Jesus Christus. Aus dieser Mitte leben wir. Sie hält alles zusammen".

Erstaunt schauten die Besucher auf, sie hatten etwas Wichtiges verstanden. Doch der Abt sagte weiter: "Je mehr sich die Speichen der Mitte nähern, um so näher kommen sie auch selbst zusammen. Ins konkrete Leben übertragen heisst das: Wenn wir uns Christus, der Mitte unserer menschlichen und geistigen Gemeinschaft, wirklich und ganz nähern, kommen wir auch einander näher. Nur so können wir miteinander und füreinander und damit auch für andere leben".

„Mitten unter euch steht einer, den ihr nicht kennt“

Das scheint alles so einfach und so logisch und einsichtig. Aber ob dies auch auf unsere Pfarreien, Familien und Gemeinschaften zutrifft? Ein Wort von Johannes dem Täufer beschäftigt mich in diesem Zusammenhang noch ganz besonders – nämlich seine Feststellung „Mitten unter euch steht der, den ihr nicht kennt“. Ist das nicht auch eine Frage an unsere Zeit, an unsere Familien, an unsere Pfarreien? Kennen wir IHN, der die Mitte unseres Lebens ist? Das ist doch die entscheidende Frage, die wir als Christen zu stellen haben. Ist mir wirklich aufgegangen, wer Christus ist? Höre ich regelmässig sein Wort, um ihn besser kennen zu lernen? Schätze ich sein grösstes Geschenk, das er mir in der Eucharistie macht? Erkenne ich Christus auch, wenn er in einem notleidenden Mitmenschen auf mich zukommt?

„Mitten unter euch steht der, den ihr nicht kennt“. Die Adventszeit lädt uns ein, IHN immer besser kennen zu lernen. Er - Christus - ist schon in unserer Mitte. Aber wir müssen ihn neu entdecken, uns seiner Gegenwart bewusst werden, aus seinem Geist zu leben versuchen. Dann sehen wir unser Leben in einem neuen Licht. Dann ist wirklich Advent und Weihnachten – nicht nur im Dezember, sondern alle Tage unseres Lebens.

4. Adventssonntag (A)

Immanuel - Gott mit uns

Vor einiger Zeit habe ich eine Reportage gelesen über eine Frau, die wegen einer Funktionsstörung des Gehirns unfähig ist, etwas zu vergessen. Alles, was sie seit ihrem 9. Lebensjahr erlebt hat, ist ihr so gegenwärtig, als wäre es gerade eben erst passiert. Mehr als 25 Jahre zurück kann sie sich an alles erinnern: was sie wo gegessen hat, mit wem sie wann über was geredet hat, wie an einem x-beliebigen Tag das Wetter gewesen ist, was sie irgendwann einmal im Fernsehen angeschaut oder in der Zeitung gelesen hat.

Das scheint uns auf den ersten Moment faszinierend. Ein solches Gedächtnis scheint uns wie ein Wunder. Manchmal wünschen wir auch so ein Gedächtnis. Aber, so heisst es im Zeitungsbericht: So ein Gedächtnis hat auch eine schlimme Kehrseite - ist eine belastende Krankheit. Dieser Frau ist es unmöglich, zu irgendetwas aus der Vergangenheit auf Distanz zu gehen. Diese Frau ist unfähig, irgendetwas einfach in sich beruhen zu lassen und nicht mehr daran zu denken. Jede Kränkung, jede Enttäuschung, jede Verletzung ist jederzeit so frisch im Gedächtnis, als würde sie gerade jetzt stattfinden. Und somit auch die Gefühle, die damit verbunden sind: Ärger, Wut, Trauer, Verzweiflung, Ohnmacht, Hilflosigkeit.

Gott vergisst nicht

Als ich diese Reportage gelesen habe, musste ich zunächst daran denken, dass ja auch von Gott in der Bibel gesagt wird, dass er nichts vergessen kann und dass ihm alle Ereignisse gleich gegenwärtig sind: „Tausend Jahre sind für dich wie der Tag, der gestern vergangen ist“ (Ps 90,4) heisst es in einem Psalmwort. Und natürlich wäre es widersinnig, sich Gott als vergesslich vorzustellen.

Aber Gottes „Unfähigkeit“ zu vergessen unterscheidet sich fundamental von der Krankheit der Frau, die nichts vergessen kann. Wenn Gott an uns denkt, ist es immer seine Liebe, die uns retten und heilen will. Gott erinnert sich immer an seine Treue, die er uns versprochen hat. Die Treue Gottes zu seinem Volk und zur ganzen Menschheit - das ist das Wunderbare an der „Unvergesslichkeit“ Gottes. Die Botschaft der Treue Gottes geht wie ein roter Faden durch die ganze Bibel - auch wenn das Volk untreu ist. Gottes Treue ist immer eine rettende und heilende Liebe. Gott will den Menschen aus einer belastenden Vergangenheit, die der Mensch oft selbst verschuldet hat, in eine neue und gute Zukunft führen.

Gott ist treu - schon im „alten Bund"

Die Lesung, die wir heute gehört haben, bestätigt Gottes Treue zum Volk Israel. König Ahas und sein Volk ist im Jahr 735 v. Chr. in einer ganz schlimmen Situation - militärisch und politisch gesehen. In seiner Verzweiflung hat der König das heidnische Volk der Assyrer um Hilfe gebeten. Gott aber zeigt eine bessere Lösung. Gott kündigt durch den Propheten Jesaja die Geburt eines Königssohnes an.

> Es gibt kein stärkeres Zeichen der Hoffnung als ein Kind.
> Jede Geburt eines Kindes ist eine Bestätigung, dass Gott die Menschen nicht aufgegeben hat.

Im Zusammenhang der heutigen Lesung ist es die Ankündigung der Geburt eines Königssohnes aus der Familie des Königs David. Dieser Königssohn ist ein Symbol für die Treue Gottes zu Israel und seinem Herrscherhaus. Gott kann dieses Volk nicht aufgeben. An dieses Volk sieht sich Gott in unverbrüchlicher Treue gebunden. Darum soll das Kind den Namen „Immanuel" - „Gott ist mit uns" - tragen.

Jesus Christus - Immanuel - Gott mit uns

Was in der Lesung (Jes 7,10-14) geschildert wird, ist auch ein Vorzeichen für das, was im Evangelium (Mt 1,18-24) geschildert und angekündigt wird. In der Geburt Jesu geht das jahrhundertalte Prophetenwort endgültig in Erfüllung. Gott schickt seinen eigenen Sohn in die Welt - lässt ihn Mensch werden im Schoss der Jungfrau Maria. Er soll den Namen „Immanuel" erhalten. Mehr als je zuvor ist Gott wirklich der Immanuel: der Gott mit uns, der mit uns das Leben teilt. Jesus - das Kind der Maria und Gottes Sohn - ist das untrügliche Zeichen, dass Gott den Menschen nicht vergisst. Der heilige Josef hat Gott vertraut und geglaubt, dass Gott in Jesus der Welt den Retter und Erlöser schenken will. Er hat erfahren dürfen, dass Gott sein Volk nicht verlässt und nicht vergisst.

Auch wir dürfen glauben und vertrauen, dass Gott auch uns nicht vergisst. Er ist auch für uns der „Immanuel“- der Gott mit uns und für uns. In seiner Liebe und Treue will er uns nahe sein. Auf seine Liebe und Treue dürfen wir unser Leben bauen. Seine Ankunft und seine Gegenwart ist unsere Zukunft - die Zukunft der ganzen Welt.

4. Adventssonntag (B)

Nicht geplant - und doch von Gott geleitet

In der Regel planen die Menschen gerne ihr Leben in seinen grossen Lebensphasen: zuerst die Ausbildung abschliessen, dann eine eigene Wohnung suchen, heiraten, eine Familie gründen. Dann möchte die Frau vielleicht nach der Kinderphase wieder in den ehemaligen Beruf zurückkehren, dann schliesslich im Pensionsalter gemeinsam das Leben geniessen, wozu man früher zu wenig oder keine Zeit hatte.

Auch im Kleinen planen wir für gewöhnlich unsere Wochen und Tage: eines nach dem anderen und manchmal auch mehrere Dinge gleichzeitig in unserer schnelllebigen Zeit.

Aber dann kann auch etwas ganz Unerwartetes passieren, dass unser schönster Tagesplan oder Lebensplan durcheinander gerät - ausgelöst durch etwas, das wir selbst nicht in der Hand haben, durch etwas, das in unser Leben einbricht, womit wir nicht im Traum gerechnet haben.

Der Lebensplan Marias

Maria, dieses junge Mädchen aus Nazareth, hatte auch einen Plan für ihr Leben. Im heiratsfähigen Alter war Maria nach jüdischer Sitte schon durch einen Ehevertrag rechtlich an Josef gebunden, mit dem sie aber nicht verheiratet war. Klar war: Josef und Maria würden nach der Hochzeit zusammen ziehen und gemeinsam Kinder haben. Kinder zu haben entspricht dem Schöpfungswillen Gottes und galt auch schon im Alten Testament als besonderer Erweis des Segens Gottes.

Marias Pläne durchkreuzt

Der Besuch des Engels Gabriel und seine Ankündigung bringen nun alles durcheinander: Jesus war ein ungeplantes Kind, zunächst sogar ein ungewolltes Kind. Maria ist total überrascht und wohl auch überfordert. Es heisst in der Bibel, dass Maria erschrocken ist. Verständlicherweise hat sie ihre Zweifel und ihre berechtigten Fragen. Aber sie setzt sich mit der neuen unerwarteten Situation intensiv auseinander.

Maria sagt Ja zu Gottes Plan

Und schliesslich sagt sie Ja zu dem, was auf sie zukommt. Sie sagt Ja zum Kind, Ja zu ihrer unerwarteten Mutterschaft. Sie sagt Ja zum Willen Gottes, der nicht ihrer menschlichen Phantasie entspringt. Sie sagt Ja zu Jesus, der der Erlöser der Welt werden soll. Aus dem zunächst unerwarteten Kind wird ein geliebtes, ein ganz und gar angenommenes und gewolltes Kind. Was wäre geschehen, wenn sie sich dem Ruf und Plan Gottes verweigert hätte?! Das wäre nicht auszudenken! Dann gäbe es keine Weihnachten, kein Christentum, keine Erlösung. Weil Gott die Pläne Marias durchkreuzt hat, konnte das Wunder der Menschwerdung Gottes geschehen.

Unsere Lebenspläne durchkreuzt

Sind nicht auch schon unsere Pläne in unserem Leben durchkreuzt worden? Im Moment waren wir vielleicht schockiert, fühlten uns überfordert, konnten alles nicht verstehen. Aber im Nachhinein durften wir feststellen, dass hier ein anderer das Heft in die Hand genommen hat, dass sich alles zu unserem Besten entwickelt hat.

In unerwarteten Situationen, die wir nicht gesucht und nicht gewollt haben, zeigt sich oft Gottes Anruf. Es gehört natürlich eine grosse Portion Mut und zugleich menschliche Grösse dazu, demütig anzunehmen, was nicht in meinem Plan, aber dafür in Gottes Plan für mich gelegen ist. Eigenes

Denken und Fragen ist damit nicht überflüssig. Auch Maria hat nachgefragt: „Wie soll das geschehen?“ Und sie hat von Gott eine Antwort durch den Engel erhalten.

Gott lenkt alles zu unserem Besten

Wenn Gott - ganz ungewohnt und unerwartet - in unser Leben einbricht, kann uns das in eine Krise stürzen, kann uns dies erschüttern. Doch dem, der Gott vertraut, gilt das Wort des Engels: „Fürchte dich nicht! Ich bin mit dir“. Es gibt kaum ein Wort, das in der Bibel mehr vorkommt, als diese Zusage Gottes: „Hab keine Angst! Ich bin mit dir“. Bibelwissenschaftler wollen gar herausgefunden haben, dass dieses Wort mehr als 360 Mal vorkommt - gleichsam als Ermutigung für jeden Tag. Lassen wir unsere menschlichen Pläne getrost von Gott durchkreuzen. So kann Gott Grösseres und Besseres für uns erwirken, als wir uns das selber ausdenken können.

Gott will immer unser Heil - und das Heil der ganzen Welt. Dafür steht Weihnachten, das wir bald feiern. Dafür steht Maria, die Gottesmutter, die ihre Pläne von Gott durchkreuzen liess. Dafür steht Jesus selber, der neu und tiefer bei uns ankommen möchte und der - durch Krisen und Erschütterungen hindurch - unser Leben von innen her verwandeln und seinem Leben gleichgestalten will.

4. Adventssonntag (C)

Begegnung - Geschenk des Lebens

Durch das Evangelium des vierten Adventssonntages (Lk 1,39-45)
zieht sich wie ein roter Faden das Wort "Begegnung". Es sind drei Begegnungen, von denen berichtet wird: Maria und Elisabeth begegnen sich; zwei Ungeborene, Jesus und Johannes, begegnen sich; zwei

Menschen, Maria und Elisabeth, begegnen Gott. Zunächst ein Wort zu diesen drei Begegnungen:

a) Maria und Elisabeth begegnen sich. Die Begegnung der beiden Frauen ist zunächst etwas sehr Gewöhnliches und Alltägliches. Maria besucht Elisabeth, um ihr während der Geburt ihres Kindes zu helfen - etwas, das sich früher unzählige Male unter verwandten Frauen ereignet hat. Was das Besondere dieser menschlichen Begegnung ausmacht, ist die innige Zärtlichkeit, mit der sich die Frauen begegnen. In dieser Begegnung liegt Wärme, Zuneigung, Verstehen und Verstandenwerden, wahre und tiefe Liebe. Das ist es, was diese Begegnung menschlich so kostbar macht.

b) **Jesus und Johannes - beide noch im Mutterschoss - begegnen sich**. Das scheint zunächst etwas sehr Ungewöhnliches zu sein. Doch wir wissen auch von Bruder Klaus, dass er sich an vorgeburtliche Begegnungen erinnern konnte. Die Bibel berichtet von der vorgeburtlichen Begegnung von Jesus und Johannes, um die Bedeutung dieser beiden Menschen zu unterstreichen: Johannes ist der Wegbereiter und Vorläufer des Messias, der das Volk auf das Kommen des Erlösers vorbereiten soll. Jesus ist der Heiland und Retter der Welt, auf den die Menschen warten.

c) Maria und Elisabeth begegnen Gott. Das gibt ihrer Begegnung ihre letzte tiefe Bedeutung. Beide Frauen leben aus dem Glauben an die Verheissungen Gottes. Sie erfahren in dieser Begegnung, dass Gott nach vielen hundert Jahren des Wartens den verheissenen Retter sendet. Gottes Geist erfüllt sie, als sie sich begegnen. Der Hl. Geist lässt Elisabeth wunderbare Worte einer ehrfürchtigen Begrüssung finden. Und Maria stimmt dann - erleuchtet vom Hl. Geist - das Magnificat an: einen

Lobgesang auf Gottes Güte und Erbarmen; einen Lobgesang, der seitdem in der Kirche nicht mehr verstummt ist.

Begegnungen mit Gott und Begegnungen mit den Menschen: das macht im Grunde genommen das Entscheidende unseres Lebens aus. "Alles wahre Leben ist Begegnung", sagt Martin Buber.

Wie nun können wir die Voraussetzungen schaffen, dass wahre Begegnungen möglich werden: Begegnungen mit Gott und untereinander? Ich möchte kurz auf drei Grundvoraussetzungen hinweisen und dies mit einem Symbol, einem Zeichen, verdeutlichen.

1. Offenheit - Symbol der Schale

Als Erstes möchte ich die Offenheit nennen und dies mit einer Schale verdeutlichen. Die Schale aus Kristall ist ganz nach oben geöffnet. Wir alle sollen einer solchen Schalen gleichen: offen und bereit, einen kostbaren Schatz aufzunehmen. Wenn Menschen offen sind für Gott, kann Gott sich ihnen offenbaren. Und Gott möchte nicht irgend etwas schenken; er schenkt sich selber. Er schenkt sich in seinem Sohn. Dies feiern wir wieder ganz besonders an Weihnachten.

Die Offenheit ist auch in der Begegnung mit den Menschen sehr wichtig. Menschen, die sich wirklich begegnen, geben sich gegenseitig teil an ihrem Leben. "Der andere wird ein Stück von mir; und ich werde ein Stück von ihm".

Die Schale ist durchsichtig. Auch das ist zeichenhaft. Unser Leben soll durchsichtig - transparent = durchscheinend - auf Gott hin werden. Gott möchte in unserem Leben aufleuchten - durchscheinend werden auch auf andere hin. Auf diese Weise wird jede Begegnung bedeutsam. In jeder echten Begegnung ist Gott gegenwärtig. In den Augen Gottes ist nichts unwichtig. Eine alltägliche Begegnung kann so zur Begegnung aus dem

Glauben werden. Dazu aber braucht es Offenheit auf Gott und den Menschen hin. Dies will die Schale verdeutlichen.

2. Ein feines Gespür und Gehör - Symbol der Stimmgabel

Damit Begegnungen glücken können, ist zweitens ein feines Gespür und Hinhören auf den andern hin nötig. Ich möchte dies mit einer Stimmgabel andeuten. Die Stimmgabel gibt mir den Ton an. So kann ich selber den rechten Ton finden. Und ich kann mich auch auf die Tonlage des andern einstimmen.

Bei den Begegnungen mit Gott gibt Gott selber den guten Ton an. Er geht sehr feinfühlig auf uns Menschen zu; er respektiert unsere Freiheit, aber er möchte doch, dass wir seine Lebensmelodie in uns aufnehmen. Wenn wir hellhörig auf Gott hin werden - wie Maria und Elisabeth - können wir erspüren, was Gott uns sagen möchte und was er mit uns vorhat.

Auch in der Begegnung mit den Menschen ist das Hören auf den andern sehr wichtig. Da braucht es ein feines Gehör, dass wir den Ton des andern abnehmen können. Wir dürfen und sollen aber auch unsere eigene Lebensmelodie in die Begegnungen einbringen. Auf diese Weise werden unsere Begegnungen farbig, lebendig, beglückend, harmonisch und spannungsvoll zugleich. Die Stimmgabel möchte uns daran erinnern.

3. Güte, Liebe und Herzlichkeit - Symbol des Herzens

Damit Begegnungen tief und bereichernd werden, braucht es drittens Güte, Liebe Herzlichkeit. Ich möchte dies mit dem Symbol des Herzens andeuten. Gott hat ein Herz für die Menschen. Gott kommt voll Liebe auf den Menschen zu. Aber nur der liebende Mensch kann seine Liebe wirklich aufnehmen.

Das gilt auch für die Begegnungen unter den Menschen. Nur wer für den andern ein Herz hat, kann ihn wirklich verstehen und ihm begegnen. "Der Mensch ist in dem Mass Mensch, als er ein Herz hat für andere", sagt ein Dichter. So liegt das Geheimnis der wahren und tiefen Begegnung in der Liebe. Das gilt für die Begegnung mit Gott und mit den Menschen.

Liebe Mitglaubende!
Wir stehen bald am Ende des Advents. Morgen / übermorgen ist Heiliger Abend, am Dienstag Weihnachtsheiligtag. Wir wünschen uns für diese Zeit im Grunde nichts Grösseres als echte und tiefe Begegnungen: Begegnungen mit Gott und Begegnungen mit Menschen. Wenn wir wirklich glaubende Menschen sind - wie Maria und Elisabeth - dann werden solche Begegnungen möglich. Wir erfahren darin Gottes Heil, seine Menschenfreundlichkeit, seine Güte und Liebe. Solche beglückende Erfahrungen wünsche ich Euch und mir.

Mitternacht

"Das Volk im Dunkel schaut ein helles Licht"

Das Leben bringt für manche Menschen viel Dunkel, zu viel Dunkel. Unsere Welt ist keine heile Welt. Es gibt zu viel Tod, Schmerz und Tränen. Das Dunkle und Düstere, das zur Wirklichkeit dieser Welt gehört, hat viele Gesichter:

- Das Dunkle zeigt sich in den trostlosen Augen hungernder und verhungernder Kinder, die ihre leeren Hände bettelnd ausstrecken.

- Das Dunkle und Unheimliche zeigt sich in den sinnlosen Kriegen, wie z.B. in Syrien, wo Tausende unschuldiger Menschen getötet wurden und Hunderttausende auf der Flucht sind.

- Das Dunkle und Abgründige zeigt sich in Naturkatastrophen, in Erdbeben, bei Überschwemmungen und Dürrekatastrophen.

Das Dunkle und Bittere erleben auch Menschen in allernächster Nähe:

- durch den unerwarteten Tod von lieben Mitmenschen

- durch einen tragischen Unfall, der einen Menschen zu einem lebenslänglichen Pflegefall macht.

- Menschen erleben das Dunkel in der Not des Zweifels, beim Gefühl der Sinnlosigkeit, bei Depressionen, bei Überforderung in Beruf und Familie, bei Schuld und Versagen. Das Dunkel kennt noch viele Namen und Gesichter:

Aber genau in dieses Dunkel der Menschen hinein verkündet die Kirche die Botschaft der Heiligen Nacht: "Das Volk, das im Dunkel lebt, schaut ein helles Licht. Über denen, die im Land der Finsternis wohnen, erstrahlt ein Licht".

Diese Botschaft verkündete Jesaja dem Volk Israel, das in der Verbannung, in der Fremde lebte. Wohin das Volk schaute, war alles hoffnungslos. Gerade in diese Finsternis hinein sagte Jesaja das Wort der Hoffnung: "Über denen, die im Land der Finsternis wohnen, strahlt ein grosses Licht".

<u>Was dort dem Volk angekündigt wurde, hat sich in dieser Nacht endgültig erfüllt: Licht und Freude, Jubel und Hoffnung auf Erden:</u> "Seht, ich verkünde euch eine grosse Freude. Heute ist euch der Retter geboren, Christus, der Herr".

Was bedeutet das? Gott selbst ist gekommen. Er kommt als Licht der Welt, als der Herr der Geschichte, als Hoffnung der Völker. Nun kann keine Nacht mehr ganz dunkel sein, weil in jede Nacht das Licht der Hoffnung leuchtet. Christus, das Licht der Welt, ist geboren. Das Licht leuchtet in der Finsternis. Das heisst: Mitten in dieser Welt des Elends und der Hoffnungslosigkeiten gibt es jetzt die Kraft der alles überwindenden Liebe. Und diese Liebe hat einen Namen und ist eine Person: Jesus. Jesus bedeutet: "Gott heilt, Gott rettet". <u>In Jesus Christus ist der ferne Gott uns nahe gekommen. Jetzt sind wir mit unserem Leben in seiner Dunkelheit und Härte nicht mehr allein.</u>

In diese Welt und in unser Leben ist ein Ereignis eingebrochen, das alles Schwere und Bedrückende unseres Lebens zwar nicht beseitigt und aufhebt, aber im Innersten verwandelt. Denn Jesus hat unser Schicksal, das Schicksal eines Menschen auf sich genommen. Alles, was Menschen treffen kann und trifft, hat er selber durchlebt und durchritten. Jetzt fällt auf ihn unser aller Los: unsere irdische Freude und unser Jammer. Alles teilt er mit uns: Hunger, Müdigkeit, Feindschaft und ein elendes Sterben.

Aber jetzt können wir glauben: Wir sind nie mehr allein, schon gar nicht in der Nacht unseres Lebens. Wir haben in jeder Situation einen Bruder und Freund an unserer Seite. Wir können uns gar nicht so weit verirren, dass er uns nicht wieder finden könnte. Wir können nicht so tief fallen, dass er uns nicht wieder auffangen könnte. Wir sind von Gottes Liebe gehalten in den tiefsten Abgründen des Lebens.

Es bleibt zwar die Nacht, und es bleibt oft auch die Angst. Aber in Christus ist die Nacht geweiht und die Angst begnadigt. In Christus hat die Nacht ein Licht bekommen und die Angst den Erlöser. Der menschgewordene Sohn Gottes hat die Nacht unserer Ängste und Hoffnungslosigkeiten zur Weihnacht, zur Heiligen Nacht gemacht. Darüber wollen wir von Herzen froh und dankbar sein.

Weihnachten (A)

Ein wunderbarer Tausch

Das Leben - ein Tauschgeschäft

Wer kennt sie nicht - die verschiedensten Tauschaktionen? Als Kinder tauschten wir oft Heiligenbildchen, welche die Kapuziner uns geschenkt haben. Heute tauschen Kinder und Jugendliche Bilder von Sportgrössen und Musikstars, Bilder von schnellen Autos oder Flugzeugen und Eisenbahnen.

Am Ende der Ferien werden Adressen ausgetauscht. Gute Freunde tauschen sich manchmal T-Shirts oder Pullover. Im Sport werden die Trainer und Spieler ausgetauscht, in der Politik die Präsidenten. Wenn es in der Ehe oder in einer Beziehung nicht mehr gut geht, erhofft man sich neues Glück durch Partnertausch. Um das Vermögen zu sichern oder zu steigern, werden Geld und Wertschriften getauscht in sichere Werte wie Gold und Immobilien. Das Leben - ein Tauschgeschäft, das Spass macht oder auch viel Enttäuschungen mit sich bringt. Manchmal kann ein Rollentausch auch wichtig und notwendig sein, damit ein Betrieb wieder besser funktioniert.

Gottes wunderbarer Tausch

Und nun das Unerwartete und Unerhörte, das wir an Weihnachten feiern: Gott selber lässt sich auf einen Tausch ein. Gottes ewiger Sohn verlässt den Himmel, seinen Ort an der Seite des Vaters. Er tauscht die Herrlichkeit des Himmels gegen die Erdenwirklichkeit, seine göttliche Freiheit in das Eingebunden sein von Zeit und Raum. Der unsterbliche Gott wird ein sterblicher Mensch. Der allmächtige Gott, der allem Leben und Nahrung gibt, wird ein hilfloses Kind, liegt in den Armen von Mutter und Vater, wird genährt, gewickelt und umsorgt, ist angewiesen und bedürftig wie jedes Menschenkind. Jesus lebt das Leben der Menschen, ist angewiesen auf menschliche und göttliche Hilfe. Nichts bleibt ihm erspart, was Menschen trifft und treffen kann: Enttäuschung, Ablehnung, Hunger, Angst, Einsamkeit, ein qualvolles Sterben. Am Karfreitag stirbt er hilflos am Kreuz. Die ersten Christen waren von diesem Geheimnis zutiefst ergriffen. Im Christushymnus des Philipperbrief heisst es:

> „Er - Jesus - war Gott gleich, hielt aber nicht daran fest, wie Gott zu sein, sondern er entäusserte sich und wurde wie ein Sklave und den Mensch gleich. Sein Leben war das eines Menschen. Er erniedrigte sich und war gehorsam bis zum Tod - bis zum Tod am Kreuz“ (Phil 2,6-8)

Tausch aus übergrosser Liebe

Hat Gott - Gottes Sohn - nicht einen schlechten, einen miserablen Tausch gemacht? Schlimmer hätte es ihm ja im Leben nicht ergehen können. Was ist das für ein Gott, dass er einen solchen Tausch vollzieht? Das ist nur möglich durch ein <u>Übermass an göttlicher Liebe</u>. Gott hat das Heil und das Glück der Menschen im Blick. Im grossen Glaubensbekenntnis heisst es:

> „Für uns und zu unserem Heil ist er vom Himmel gekommen,
> hat Fleisch angenommen durch den Heiligen Geist von der Jungfrau Maria und ist Mensch geworden“.

Wir Menschen - die Gewinner dieses Tausches

Für uns und zu unserem Heil ist Jesus Mensch geworden. Wir, die sterblichen und sündigen Menschen, sind die Profiteure dieses unwahrscheinlichen Tausches. Wir sind die grossen Gewinner:

Gott steigt vom Himmel auf diese Erde herab,
damit wir von dieser Erde zum Himmel aufsteigen können.

Jesus entäussert sich seiner Herrlichkeit und nimmt Knechtsgestalt an,
damit wir auf ewig die Fülle seiner Herrlichkeit empfangen.

Jesus steigt vom Haus des Vaters herab in den armen Stall von Bethlehem, damit wir im Himmel eine ewige Wohnung erhalten.

Jesus kommt aus der Lichtfülle des Himmels in das Dunkel dieser Zeit, um uns aus dem Dunkel dieser Zeit ins ewige Licht zu führen.

Der ewige Gott wird ein sterblicher Mensch,
damit wir sterbliche Menschen in Christus ewiges Leben empfangen.

Jesus kommt in diese unsere vergängliche Zeit,
damit wir in ihm und durch ihn ewige Zukunft haben.

Wir alle sind die Nutzniesser und Gewinner dieses unwahrscheinlichen Tausches. In der Menschwerdung Jesu schenkt Gott uns verlorenen und verirrten Menschen die ursprüngliche Würde wieder neu und holt uns wieder ganz in seine Nähe. In einer Weihnachtspräfation betet die Kirche treffend:

> "Durch Jesus Christus schaffst du den Menschen neu und schenkst ihm ewige Ehre. Denn einen wunderbaren Tausch hast du vollzogen. Dein göttliches Wort wurde ein sterblicher Mensch, und wir sterbliche Menschen empfangen in Christus dein göttliches Leben".

In der Menschwerdung seines Sohnes hebt Gott das Leben des Menschen zu sich empor und schenkt ihm Würde und Ansehen.

Konsequenzen für unser Leben

Was heisst nun das für uns - dieser göttliche Tausch? Welches sind die Konsequenzen für unser Leben? Vor allem ein Zweifaches:

1. Wir sollen uns einlassen auf diesen wunderbaren Tausch, den Gott uns anbietet. In der Menschwerdung Jesu / in seiner Erniedrigung hat Gott begonnen, uns ins Heil und ins Glück zurückzuführen. Im menschgewordenen Gottessohn erhalten wir unseren Wert und unsere

menschliche Würde zurück. Im Glauben können wir dies erkennen und dankbar annehmen. Soviel sind wir Gott wert, dass er für uns alle - zu unserem Heil - Mensch geworden und dann auch den Weg des Leidens und des Kreuzes gegangen ist. Dankbar feiern wir dieses tiefe Geheimnis der Liebe Gottes zu uns Menschen in jeder heiligen Messe - und das nicht nur an Weihnachten, sondern im Besonderen jeden Sonntag.

2. Wir sollen versuchen, die Haltung Jesu auch für unser Leben zu übernehmen. Einleitend zum Christushymnus im Philipperbrief heisst es: “Seid untereinander so gesinnt, wie es dem Leben in Christus Jesus entspricht” (Phil 2,5). Das heisst doch, dass auch wir bereit sein sollen, in der Haltung und Gesinnung Jesu zu leben. Das wird uns in der Radikalität, wie Jesus das gelebt, wohl kaum je gelingen. Aber wir können doch beginnen, uns darum zu bemühen: z.B.

- auf unser Recht verzichten, damit andere zu ihrem Recht kommen
- Nachteile in Kauf nehmen, damit andere in ihrer Würde gestärkt werden;
- einander dienen, statt übereinander zu herrschen;
- erlittenes Unrecht verzeihen, statt sich zu rächen;
- den anderen die Freude und das Glück gönnen, auch wenn uns vielleicht persönlich Unglück und Leid getroffen hat.

Wenn wir uns um all das bemühen, ist das ein Zeichen, dass wir in der Nachfolge Jesu stehen und seine Liebe und seine Gesinnung in uns lebendig ist. Dann ist Weihnachten nicht nur am 24./25. Dezember, sondern alle Tage.

Weihnachten (B)

Das tiefe Weihnachtsgeheimnis

Wir sind es gewohnt, von Gott zu reden als dem Allmächtigen, dem Schöpfer der Welt und dem Herrn des Himmels und der Erde – und wir haben damit recht. Gott ist all dies und unendlich viel mehr. Wir können von Gott gar nicht groß genug denken. Die ganze Welt kann ihn nicht fassen.

Der demütige Gott

Und doch gibt es auch die andere Wahrheit und Wirklichkeit: Gott macht sich ganz klein, ganz gering, ganz unscheinbar. Gott ist demütig und bescheiden. Und Gott ist weit mehr daran interessiert, als demütiger und bescheidener Gott erkannt und geliebt zu werden – denn als allmächtiger Weltenschöpfer.

Dieses tiefe Geheimnis feiern wir an Weihnachten. Diese grundlegende Wahrheit ist es übrigens, die unseren christlichen Glauben von den vielen anderen Religionen wesentlich unterscheidet. In den meisten Religionen wird ein Gott verehrt, der sich in irgendeiner Form als unendlich und gewaltig erweist. Allein in der christlichen Religion verehren wir einen Gott, der sich offenbart in einem kleinen Kind: in seiner Hilflosigkeit und Schwäche, auch in seiner Bedürftigkeit nach Liebe. Gott hat sich ganz klein gemacht.

> Vom österreichischen Musiker Anton Bruckner wird folgendes erzählt: Nach der Mitternachtsmesse – nachdem schon alle Lichter in der St. Florianskirche gelöscht waren, kniet sich Anton Bruckner vor die Krippe nieder und betet still zu Gott. Der Sakristan bemerkt ihn nicht, schliesst die Türen ab und Bruckner bleibt allein in der Kirche zurück. Am Morgen früh, als die ersten Leute zur Frühmesse kommen, sehen sie, wie Anton Bruckner immer noch vor der Krippe kniet und betet. Auf

die Frage, was er denn so lange tue, gibt er zur Antwort: „Ich kann es einfach nicht fassen, dass Gott ein Mensch geworden ist".

Ich kann es einfach nicht fassen... Nein, auch wir können es nicht fassen. Welches Wunder der Liebe Gottes, dass Gott ein Kind, ein armer bedürftiger Mensch werden wollte! Darin zeigt sich die tiefe Demut Gottes.

Der menschgewordene Gott zeigt und offenbart seine Demut nicht nur in seiner Geburt im Stall von Bethlehem, sondern auch in seinem ganzen Leben bis hin zur Erniedrigung am Kreuz. Krippe und Kreuz gehören zusammen. Aber nicht nur das: Jesus bleibt der demütige Gottessohn durch alle Zeiten. Drei wichtige Hinweise:

Gottes Demut in der Eucharistie

1. Der demütige Gott ist nahe im Geheimnis der Eucharistie. Jesus verbirgt sich in einem Stücklein Brot und gibt sich in einem Stücklein Brot. Das feiern wir auch in diesem weihnachtlichen Gottesdienst.
Brot kann man geringschätzen, wegwerfen. Und doch bleibt Brot das kostbarste Nahrungsmittel. Der demütige Gott bleibt uns nahe im Brot der Eucharistie und er bittet uns in diesem Geheimnis um Annahme und Aufnahme.

Vom heiligen Franziskus wissen wir, dass er von diesem Geheimnis im Tiefsten angerührt war. In seinem geistlichen Testament schreibt er: „Ich will, dass dieses heiligste Geheimnis überall und immer neu gefeiert und angebetet wird. Denn in dieser Welt sehe ich von IHM, dem höchsten und demütigen Sohne Gottes, leiblicherweise nichts als seinen heiligsten Leib und sein heiligstes Blut, das die Priester empfangen und andern darreichen".

Im Geheimnis der Eucharistie zeigt sich die Demut Gottes durch alle Zeiten. Die Konsequenz daraus: Bethlehem – das ist jetzt auch unsere Kirche; und die Krippe – das ist jetzt der Altar und unser Herz. Was für ein Akt der Demut, dass Jesus auch in unser armes und oft verletztes Herz einkehren will. Hier zeigt sich die ganze Demut Gottes.

Gottes Demut offenbart sich in den Armen

2. Der demütige Gott kommt aber nicht nur in der Eucharistie auf uns zu, sondern auch in jedem Kind und in jedem bedürftigen Menschen, der uns braucht. Jesus identifiziert sich mit den Kleinen und Geringen. Jesus kommt auf uns zu in den Armen, Obdachlosen, Flüchtlingen, Hilflosen, Niedrigen. Hinter ihren Gesichtern verbirgt er sein Gesicht. In ihnen begegnet er uns und will angenommen und aufgenommen werden. In den Armen und Bedürftigen bittet Christus selber demütig um Aufnahme und Annahme. Und Jesus wird einmal sagen: „Was ihr dem Geringsten meiner Brüder und Schwestern getan habt, das habt ihr mir getan".

In die Nachfolge des demütigen Gottes gerufen

3. Die Kirche ist berufen, den Weg Jesu zu gehen: den Weg der Demut. In dieser Beziehung muss die Kirche immer neu lernen: Nicht herrschen und beherrschen, sondern dienen und lieben. Die Kirche ist diesen Weg leider nicht immer glaubwürdig gegangen. (Nicht nur im Blick auf Rom, sondern vielleicht auch im Blick auf die eigene Pfarrei.) Es gab und gibt auch in der Kirche Machtgier, Ehr- und Ruhmsucht. Aber die Kirche hat auch immer wieder – auch in neuerer Zeit – Menschen hervorgebracht, die in der Nachfolge Jesu glaubwürdig gelebt haben: Menschen, die durch ihre Bescheidenheit und Ehrlichkeit und Einfachheit überzeugt haben. Einige sind uns aus der zweiten Hälfte des 20. Jahrhunderts vertraut: Papst Johannes XXIII. (der Konzilspapst), Mutter Teresa (der Engel von

Kalkutta), Dom Helder Camara (der Bischof der Armen in Brasilien), Roger Schutz (der langjährige Vorsteher der ökumenischen Brüder-Gemeinschaft von Taizé). Sie haben den demütigen Jesus als Vorbild genommen. Von ihnen könnten wir lernen, was Jesus uns nahelegt: Nicht die ersten Plätze erobern und mit Ellenbogenstärke vorgehen, sondern dienen und lieben. Das ist der Weg des demütigen Gottessohnes.

Als Glieder der Kirche sind wir alle eingeladen, im Geiste dieses demütigen Jesus zu leben und zu handeln. Wie dies möglich wird, bringt ein Gedicht sehr tiefsinnig zum Ausdruck, das ich gerne an den Schluss meiner Weihnachtspredigt stellen möchte:

Wenn du dich satt gesehen hast an dem kleinen Kind in der Krippe,
geh noch nicht fort.
Mach erst seine Augen zu deinen Augen,
seine Ohren zu deinen Ohren
und seinen Mund zu deinem Mund.
Mach seine Hände zu deinen Händen,
sein Lächeln zu deinem Lächeln
und sein Herz zu deinem Herzen.
Dann erkennst du in jedem Menschen deine Schwester, deinen Bruder.
Wenn du ihre Tränen trocknest und ihre Freude teilst,
dann ist Gottes Sohn – auch für dich und in dir – geboren.

Weihnachten (C)

Unser Retter und Heiland ist geboren

Christus ist Mensch geworden, um uns Menschen ganz nahe zu sein. Er ist gekommen als unser Erlöser und Retter: für uns alle. Das ist die grosse Freude der hl. Weihnacht.

Um Christus zu ehren und das Wunder von Weihnachten uns vor Augen zu führen, werden in den meisten Kirchen und auch in vielen Familien Krippen aufgestellt.

Mit glänzenden Augen und offenem Mund stehen dann die Kinder davor und schauen und staunen... Und wenn wir etwas von einem kindlichen Herzen bewahrt haben, geht es uns ganz ähnlich. Es ist uns, als könnten wir mit dem Christuskind ganz persönlich reden. Von solch einer Begegnung mit dem Kind in der Krippe möchte ich Euch heute berichten. Es ist eine der symbolträchtigsten weihnachtlichen Geschichten, die ich je kennengelernt habe. Sie trägt den Titel

"Zwiegespräch an der Krippe"

Ein kleiner Bub - Michael heisst er - besucht seinen Grossvater. Der ist Holzschnitzer. Michael schaut zu, wie er an einer mächtigen Krippenfigur schnitzt... Eine Reihe Figuren ist schon fertig und steht auf dem Tisch.

Der Junge vertieft sich so in die geschnitzten Figuren, dass sich seine Gedanken mit der Welt der Figuren vermischen. Alle Gestalten werden für ihn lebendig und Michael fühlt sich ganz in das Geschehen an der Krippe miteinbezogen. Er geht mit den Hirten und den Königen in den Stall und steht plötzlich vor dem göttlichen Kind. Und das Kind in der Krippe schaut ihn mit grossen Augen an.

Plötzlich bekommt der kleine Bub einen riesigen Schreck. Er bemerkt: Seine Hände sind leer. Alle andern haben etwas mitgebracht. Ganz

aufgeregt sagt er schnell: " Jesus, ich will dir alles schenken, was ich habe: meine elektrische Eisenbahn, meinen Baukasten, mein neues Velo!"
"Nein", erwiderte das Christus-Kind, "das alles brauche ich nicht. Dazu bin ich nicht auf die Erde gekommen. Ich will von dir etwas anderes haben - drei Dinge". - "Gern", sagte der Junge, "aber was denn?" - "Schenk mir deinen letzten Aufsatz!" sagte das Jesuskind leise, damit es niemand anderer hören konnte.
Da erschrak Michael und wurde ganz rot. "Jesus", stotterte er ganz verlegen, " aber da hat doch **'Ungenügend'** drunter gestanden". - "Eben deshalb will ich ihn haben. **Du sollst mir immer das bringen, wo 'ungenügend' darunter steht.** Versprichst du mir das?" - "Gern", antwortete der Bub.

Liebe Gläubige! Oft geht es uns im Leben so wie diesem kleinen Bub. Wir spüren und erkennen, wie vieles in unserem Leben ungenügend und unvollkommen ist. Wir sind enttäuscht über uns selbst und leiden an unseren Schwächen und Grenzen. Jeder kennt das, was Michael erlebt hat: Ungenügend. Es gibt manches im Leben, wo drunter steht: "Nicht genügend". In so vielem konnten wir einander und dem Leben nicht genügen:

- Ehegatten stellen bekümmert fest, dass sie weit hinter den Erwartungen zurückgeblieben sind, die sie einst aneinander stellten. Enttäuschte Hoffnungen!
- Eltern fühlen sich in ihrer Erzieheraufgabe überfordert. Sie zweifeln daran, ob sie ihren Kindern wirklich das ins Leben mitgegeben haben, was sie brauchen, um im Leben bestehen zu können.
- Ältere Menschen schauen bekümmert auf ihr Leben zurück und stellen fest, dass so vieles unvollkommen und unvollendet geblieben ist. "Ungenügend" müssen sie über ihr Leben schreiben.

➢ Jugendliche sind enttäuscht, dass ihre Hoffnungen sich so wenig erfüllen und dass ihre Sehnsucht nach Freude und Lebenssinn ungestillt bleibt.

➢ Und ich als Seelsorger weiss um mein "Ungenügen". So vieles in meiner Arbeit ist ungenügend und unzulänglich. Alles ist menschliches Stückwerk.

Aber nun sagt Jesus zu uns allen: "**Bringt alles zu mir, was ungenügend ist in eurem Leben und worunter ihr vielleicht sehr leidet. Ich kann das ergänzen, was Euch und eurem Werk abgeht**. Ich kann das vollenden, was ihr nur ungenügend oder halb getan habt". Welch ein Trost für uns alle, dass Gott uns nicht auf unsere Unzulänglichkeiten festnagelt, sondern das ergänzt, was uns und unserem Leben noch fehlt.

Das Zwiegespräch an der Krippe mit dem Jungen geht noch weiter. "Ich möchte noch ein zweites Geschenk von Dir", sagte das Christuskind zu Michael. Hilflos schaute der Bub um sich. "Deinen Milchbecher möchte ich", sagte das Kind in der Krippe. - "Aber den habe ich heute zerbrochen", sagte darauf Michael. "Gerade darum will ich ihn haben", sagte das Christuskind. **"Du sollst mir immer all das bringen, was in deinem Leben zerbrochen ist. Ich will es wieder heil machen.** Gibst du mir auch das?" - "Das ist schwer! Hilfst du mir dabei?" antwortete Michael.
Liebe Gläubige. Das ist nun auch die Einladung Jesu an uns: Wir sollen und dürfen ihm alles bringen, was in unserem Leben zerbrochen ist und in Scherben liegt. In jedem Menschenleben gibt es Zerbrochenes, Verletztes, Verwundetes: Zerbrochene Freundschaften, zerbrochene Beziehungen. Scherben, die aus unüberlegten Worten und Taten resultieren! Vielleicht gibt es geheime oder offene Feindschaften - Zerbrochenes zwischen Verwandten, Nachbarn und Arbeitskollegen. Manchmal spüren wir, dass in der Tiefe unserer Existenz etwas wie zerbrochen ist. Tiefe Zweifel an uns selbst plagen uns und legen sich wie eine schwere Last auf unsere Seele.

Vielleicht ist sogar die Freundschaft mit Gott zerbrochen, weil wir so wenig nach Ihm gefragt haben und meinten, ohne IHN unser Leben gestalten zu können.
Und nun lädt uns Jesus ein: "Bringt alles Zerbrochene zu mir. Ich will das Zerbrochene wieder zusammenfügen, Getrenntes wieder zusammenbringen, die Wunden verbinden. Ich will das Innerste Eures Herzens heilen und Euch von neuem die Freundschaft mit Gott schenken".

Und die Geschichte mit Michael geht noch weiter. "Noch ein Drittes möchte ich von dir", hört der kleine Junge wieder die Stimme des Kindes in der Krippe, "ich möchte von dir noch die Antwort haben, die du deiner Mutter gegeben hast, als sie dich fragte, wieso denn der Milchbecher zerbrechen konnte". Da beginnt der Junge zu weinen und schluchzt: "Aber da habe ich gelogen. Ich habe der Mutter gesagt: 'Der Milchbecher ist mir ohne Absicht aus den Händen gefallen'. Aber das war gelogen. In Wirklichkeit habe ich ihn ja vor Wut auf den Boden geworfen". - "Gerade darum wollte ich deine Antwort haben", sagte das Christuskind, **"Du sollst mir immer alles bringen, was in deinem Leben böse ist, verlogen, trotzig, gemein. Und wenn du zu mir kommst, will ich dir helfen und dich wieder froh machen.** Dafür bin ich in die Welt gekommen, um dir zu verzeihen, um dich an die Hand zu nehmen und dir den Weg zu zeigen...".
Und das Christuskind lächelte den Jungen an. Und dieser schaute und hörte und staunte.

"Bosheit" - das gibt es vielleicht auch in unserem Leben. Es gibt Augenblicke im Leben, da man wirklich böse und bösartig sein kann, ohne es zu wollen. Man verletzt andere mit spitzigen Bemerkungen. Man tut trotzig das nicht, was man tun sollte. Es fehlt uns oft an Geduld, Rücksichtnahme, Liebe. Wir tun das Böse und machen so den andern und uns selber das Leben schwer. Aber aus all dem möchte Jesus uns herausführen und uns befreien: aus der Bosheit, aus dem Hass, aus der Lüge.

Liebe Mitchristen! "Ungenügend - Zerbrochenes - Bosheit": das gibt es in jedem Menschenleben. Der kleine Bub an der Krippe: das bin ich, das sind wir alle.

Aber jetzt ist Christus gekommen. Er ist gekommen als Retter und Erlöser. Gott ist Mensch geworden, damit wir nicht mehr verloren sind. Und darum dürfen und sollen wir mit allem zur Krippe gehen. Jesus sagt auch zu Dir, zu mir, zu uns allen:

- Ich will das verbessern und vollenden, was in deinem Leben ungenügend und mangelhaft ist.
- Ich will das heilen, was in deinem Leben zerbrochen ist.
- Ich will das mit meiner Liebe wieder gutmachen, was du in deinem Leben Böses getan hast.

Das ist die Frohe Botschaft von Weihnachten. Christus, unser Erlöser ist geboren; unser Retter ist da.

Fest der Heiligen Familie (A)

Kraftquellen für die Familien heute

Ganz offensichtlich gab es auch in der Heiligen Familie Missverständnisse und Spannungen (Vergl. Lk 2,41-52). Das mag für heutige Familien tröstlich sein. Die Heilige Familie war auch eine ungewöhnliche Familie - so wie es auch heute ungewöhnliche Familien und Familienformen gibt.

Immer wieder mussten Maria und Josef erneut nach dem Willen Gottes fragen. Das war für sie nicht immer leicht. Ist es heute so viel anders?
Ich denke, dass jeder Mensch und jede Familie ihren Weg suchen und gehen muss. So vielfältig wie Menschen sind, so vielfältig können auch Familienkonstellationen sein. In allem geht es darum, auf Gott zu hören und nach dem Gewissen zu leben.

Wenn wir in einer gesunden und intakten Familie aufwachsen durften, dann sollen wir dafür dankbar sein. Aber gibt es das überhaupt - eine intakte Familie? Alles ist relativ. Nichts in unserem Leben ist vollkommen. Das gilt auch für unsere Familien. Entscheidend ist, dass man versucht, aus allem das Beste zu machen. Dabei gibt es wunderbare Kraftquellen, die Familien nützen sollten.

1. Die erste Kraftquelle: Das Gebet.

Im Gebet besinnen wir uns auf das, was Gott von uns will. Die bekannte Schwester Mutter Teresa von Kalkutta (1910 - 1997) betonte immer wieder: „Eine Familie, die zusammen betet, hält zusammen".

Der ehemalige Pfarrer von Appenzell Anton Wild gab allen Brautpaaren jeweils den Rat mit auf den gemeinsamen Lebensweg: „Betet jeden Tag darum, dass eure gegenseitige Liebe erhalten bleibt". Vor nicht langer Zeit durfte ich anlässlich der Goldenen Hochzeit eines Jubelpaares den

Gottesdienst feiern. Bei der Vorbereitung dieses Gottesdienstes hat mir das Jubelpaar bekannt, dass sie den Rat von Pfarrer Wild wirklich befolgt hätten: „Wir haben jeden Tag darum gebetet, dass unsere gegenseitige Liebe erhalten bleibt. Darum dürfen jetzt auch voll Freude und Dank die Goldene Hochzeit feiern“.

Auch der bekannte Eheberater und Ehetherapeut Theodor Bovet (1900 - 1976) betont die Bedeutung des Gebetes in der Ehe und Familie. Er sagte einmal: „Ich habe noch nie ein wirklich unglückliches Ehepaar getroffen, das zusammen gebetet hat“. Die Frage geht an alle Ehepaare und Familien: Pflegen wir in der Ehe und in der Familie das Gebet? Wenn das Familiengebet zu kurz gekommen ist, wäre es eine gute Idee, heute neu damit zu beginnen und ihm mehr Beachtung zu schenken. Das Gebet ist eine wunderbare Kraft- und Segensquelle für das Leben.

2. Eine zweite Kraftquelle ist die Bibel, das Wort Gottes.

Das Zweite Vatikanische Konzil gab den Katholiken wieder die Bibel in die Hand. Das Wort der Bibel hilft uns, unser Leben neu und tiefer zu verstehen. Viele biblische Geschichten halten uns einen Spiegel vor Augen. Es gibt kaum menschliche Situationen, die nicht auch in der Bibel irgendwie zur Sprache kommen: Situationen von Freude und Glück, aber auch von Schuld und Versagen, Enttäuschung und Leid, von Verzeihen und Neuanfang.

Die tröstlichste Botschaft der Bibel lautet: Gott gibt nie einen Menschen auf. Er nimmt seine Liebe zu uns Menschen nie zurück.

Um die Botschaft der Bibel zu verstehen und für sein Leben fruchtbar zu machen, braucht es allerdings die Bereitschaft, wirklich auf Gottes Wort zu hören - auch mit dem Herzen zu hören. Denn man hört nur mit dem Herzen gut. Wer auf Gottes Wort hört, wird leichter im Leben die richtigen

Entscheidungen treffen. Wer das Wort Gottes in sein Herz aufnimmt, findet Wegweisung für sein Leben und Antwort auf viele persönliche Fragen. Die Bibel ist eine wunderbare Kraft- und Segensquelle auch für unsere Familien.

3. Eine dritte Kraftquelle sind die Sakramente -
vor allem die Eucharistie.

Es gilt, die Sakramente als Kraft- und Segensquelle neu zu entdecken und zu schätzen. Die Sakramente sind Zeichen der Liebe und Nähe Gottes zu uns Menschen. Sie sind ein Geschenk seiner Gnade.
Kardinal Carlo Martini (1927 - 2012), der langjährige Erzbischof von Mailand, der im 31. August 2012 gestorben ist, sagte in einem Interview kurz vor seinem Tod:

> „Die Sakramente sind eine unschätzbare Hilfe für die Menschen - vor allem an den Wendepunkten und in den Schwächen des Lebens. Bringen wir Sakramente zu den Menschen, die neue Kraft brauchen".

Kardinal Carlo Martini vertritt dann auch die Ansicht, dass auch geschiedene und wiederverheiratete Paare zur heiligen Kommunion zugelassen werden sollen. Das ist auch meine Überzeugung. Wörtlich sagt Martini:

> „Ich denke an die vielen geschiedenen und wiederverheirateten Paare, an die sogenannten Patchworkfamilien. Sie brauchen besondere Unterstützung. Gewiss, die Kirche steht zur Unauflöslichkeit der Ehe. Es ist eine Gnade, wenn eine Ehe und Familie gelingt. Wenn die Eheleute zusammenhalten und einander tragen. Wenn sie Kinder haben und sie zu selbstständigen und mutigen Christen erziehen. Christliche Familien zeichnen sich aber auch aus durch die Kraft, jenen entgegenzukommen, die Not haben in der Beziehung oder in der Erziehung".

Carlo Martini nennt dann ein Beispiel, dass die Kirche wohl kaum das Recht hat, geschiedene Wiederverheiratete von der Kommunion auszuschliessen, wenn die Betreffenden an Jesus und an seine Gegenwart in der heiligen Messe glauben:

> „Eine Frau wurde von ihrem Mann verlassen und findet einen neuen Lebenspartner, der sie und die drei Kinder annimmt. Die zweite Liebe gelingt. Diese Familie darf doch nicht zurückgestossen werden und von der Kommunion ausgeschlossen bleiben".

Wir wissen, dass wir alle Gottes Erbarmen nötig haben. Wer ist schon vollkommen? Vor der Kommunion beten wir darum jeweils: „Herr, ich bin nicht würdig, dass du eingehst unter mein Dach, aber sprich nur ein Wort, so wird meine Seele gesund." Gott entzieht niemandem seine Liebe. Er schenkt uns immer neu unsere Würde und unseren unveräusserlichen Wert durch seine liebende Nähe. Die Einladung, zur Kommunion zu gehen und Christus im eucharistischen Brot zu empfangen, richtet sich an alle Gläubigen, gerade auch an die Suchenden und Bedürftigen.

Carlo Martini zieht daraus dann folgende Forderung: „Die Frage, ob Geschiedene zur Kommunion gehen dürfen, sollte umgedreht werden. Wie kann die Kirche den Menschen, deren Beziehung schwierig oder gescheitert ist, mit der Kraft der Sakramente zu Hilfe kommen?" Wie wichtig und richtig ist das! Die Kirche ist doch berufen, im Namen und im Geiste Jesu helfend und heilend den Menschen nahe zu sein - gerade und vor allem auch in den Sakramenten. Frau Dr. Eva-Maria Faber, die Rektorin der Theologischen Hochschule Chur, bringt es so auf den Punkt:

> "Die Menschenfreundlichkeit und Barmherzigkeit Gottes muss durch eine menschenfreundliche und barmherzige Praxis der Kirche erfahrbar werden".

Wie mir scheint, muss hier die sogenannte „Amtskirche“ neu hinzu lernen. Für uns alle aber gilt: Schätzen wir selber die Eucharistie als Kraftquelle für unser Leben. Und versuchen wir, unseren Mitmenschen gütig und wohlwollend zu begegnen. Dann sind wir selber wie eine Einladung auch für andere, die Eucharistie - aber auch das Gebet und das Wort Gottes - als Kraft- und Segensquelle für ihr Leben zu entdecken.

Fest der Heiligen Familie (B)

Fest der Heiligen Familie - Herausforderungen für heute

Von der Kindheit Jesu und der Heiligen Familie in Nazareth wissen wir herzlich wenig. Und was uns die Evangelien erzählen, ist keineswegs idyllisch. In der Erzählung von der Flucht nach Ägypten (Mt 2,13-15.19-23), von der wir im heutigen Evangelium gehört haben, erfahren wir von einer bedrohten Familie, die vor staatlicher Gewalt in die Fremde fliehen muss.
Im Evangelium des Lesejahres C (Lk 2,41-52) hören wir, wie der zwölfjährige Jesus ungefragt im Jerusalemer Tempel zurückbleibt und die besorgten Eltern ihn drei Tage suchen. Zur Heiligen Familie gehören Erfahrungen wie Aufbrechen, Loslassen, Trennungsschmerz und Leid, nicht anders als es früher oder später - in der einen oder anderen Form - zur Wirklichkeit jeder Familie gehört.

Flüchtlingsfamilien

Wie steht es heute um die Familien in der Welt? Die Erzählung von der Flucht nach Ägypten macht uns bewusst, dass auch heute noch Tausende von Familien fliehen müssen, weil sie verfolgt werden wegen der Zugehörigkeit zu einer bestimmten Volksgruppe oder wegen ihrer religiösen Überzeugung. Solche Familien - oder Mitglieder solcher Familien - gelangen auch zu uns. Wie verhalten wir uns gegenüber ihnen? Wir sind durch sie herausgefordert. Jesus war zu seiner Zeit ein Flüchtlingskind - das vergessen wir gerne. Maria und Josef mit ihrem Kind teilen das Schicksal von Tausenden von Flüchtlingsfamilien. Jesus identifiziert sich mit jenen, die fliehen müssen. Später wird er einmal sagen: „Ich war fremd und ihr habt mich aufgenommen bzw. ihr habt mich nicht aufgenommen“ (Mt 25, 31 - 46). Da spüren wir, wie ein Evangelium plötzlich auch in unser jetziges Leben hineinspricht und uns herausfordert zu christlichem Denken und Handeln.

Die „ideale“ Familie

Wir alle - oder die meisten von uns - wurden in eine Familie hinein geboren. Die Familie mit Vater und Mutter bildet nach wie vor für die meisten Menschen den sozialen Rahmen, wo sich menschliches Leben entfaltet. In der Familie lernen die Kinder glauben und vertrauen, lieben und teilen, verzeihen und sich versöhnen. Wir dürfen dankbar sein, wenn wir in einer mehr oder weniger intakten Familie - zusammen mit Vater und Mutter - aufwachsen durften.

Alleinerziehende

Heutzutage gibt es allerdings eine Vielfalt von Familienformen. Es ist gut, dies aufmerksam wahrzunehmen, ohne die traditionelle Familie abzuwerten. Wir denken hier vor allem an die Einelternfamilien - bedingt durch Todesfall, Trennung, Scheidung. Alleinerziehende verdienen unsere besondere Aufmerksamkeit. Gerade Alleinerziehende tragen oft schwierige Geschichten mit sich herum und sind doppelt herausgefordert durch einen

komplizierten Alltag zwischen Kinderbetreuung, Haushalt und Beruf. Dass sie oft ein beträchtliches Armutsrisiko tragen, dürfte bekannt sein.
Doch bei finanziellen Sorgen bleibt es nicht. Auf vielen Betroffenen lastet es schwer, dass sie sich um alles allein kümmern müssen - insbesondere was den Kontakt mit Behörden und Schule angeht. Viele leiden darunter, dass sie als Alleinerziehende oft „schräg" angeschaut werden, wenn sie z.B. eine neue Wohnung suchen müssen. Sie gelten oft als „selber schuld" an ihrem Schicksal.
Eltern stehen heute ganz allgemein oft unter „Leistungsdruck". Und ganz besonders betrifft das Alleinerziehende; denn sie müssen es ganz speziell gut machen, um in den Augen anderer genügen zu können.

Die Haltung Jesu

Ich frage mich oft, wie Jesus sich gegenüber solchen Menschen verhalten würde. Er wäre gut zu ihnen, hilfsbereit, voll Liebe und Verständnis, Geduld und Nachsicht. Er hätte ein Herz für sie. Genauso müssten wir uns gegenüber von ihnen verhalten. Wir sind doch berufen, im Geiste Jesu zu denken, zu reden, zu leben und zu handeln.

Die Familie Gottes

So wichtig und bedeutsam die Familie ist - die traditionelle Familie oder die vielfältigen Familienformen in unserer Zeit - die Familie kann nie alles sein. Jesus selber hat seine „eigene" Familie relativiert. Als einmal seine Verwandten nach ihm fragten, gab er die überraschende Antwort: „Wer ist meine Mutter und wer sind meine Brüder?" Und er blickte auf die Menschen, die im Kreis um ihn herumstanden und sagte: „Das hier sind meine Mutter und meine Brüder. Wer den Willen Gottes tut, der ist für mich Bruder und Schwester und Mutter" (Mk 3,32-35).
Wir alle sind durch Taufe, Firmung und Eucharistie in diese Gottesfamilie gerufen. Gott ist für uns alle ein guter Vater und zugleich wie eine gütige

Mutter. In der Gottesfamilie gibt es nur Brüder und Schwestern, Gottes geliebte Kinder in der grossen Gottesfamilie. Die Pfarrei und die gottesdienstliche Gemeinde ist der bevorzugte Ort, wo Menschen ihre Gotteskindschaft konkret lernen und einüben können. Auf diesem Hintergrund sprechen die Mahnungen der neutestamentlichen „Haustafeln", wie wir sie in der heutigen Lesung gehört haben, vielleicht wieder ganz neu: „Bekleidet euch mit aufrichtigem Erbarmen, mit Güte, Demut und Geduld. Ertragt euch gegenseitig und vergebt einander. Vor allem aber liebt einander…." (Kol 3,12-17).

Die Pfarrei als Gottesfamilie im Grossen und die christliche Familie als Gottesfamilie im Kleinen - das heutige Fest der Heiligen Familie möchte uns ermutigen, an beiden Orten unseren Glauben zu leben. Die Pfarrei <u>und</u> die christliche Familie bleiben die entscheidenden Orte, wo Gott uns nahe sein will und wo Erbarmen, Güte und Liebe erfahren und geübt werden können und sich bewähren sollen. Gott mit uns!

Neujahr (A)

Mit Gottvertrauen in die Zukunft

Von Dag Hammarskjöld (1905 – 1961), dem ehemaligen Generalsekretär der UNO, stammt das tiefsinnige Wort: „Für das Vergangene Dank – zum Kommenden Ja".

Für das Vergangene Dank

Ich habe hier noch die Agenda des vergangenen Jahres. Hier sind wichtige Termine eingetragen: Termine, die mir Freude machten, aber auch Termine, die mir Sorge bereiteten. Aber das Wichtigste, das mein Leben geprägt hat, ist hier nicht eingetragen. Denn es gibt Erfahrungen, und Erlebnisse, die tiefer gehen, als dass man dies in einer Agenda planen und festhalten könnte.

Wohl jeder und jede von uns kennt in der Lebensagenda des vergangenen Jahres helle und dunkle Seiten. Beides hat unser Leben und unser Lebensgefühl geprägt. Die frohen und glücklichen Stunden liessen uns spüren und erkennen, dass das Leben ein grosses Geschenk ist. Und in den dunklen und schweren Zeiten durften wir erfahren – so hoffe ich -, dass uns eine innere Kraft geschenkt wurde, die uns half, auch das Schwere und Bittere im Leben durchzustehen.

„Für das Vergangene Dank!" Man kann wirklich für alles danken – weil alles uns näher zu Gott und zueinander bringen kann. Manchmal sehen wir das aber erst in der Rückschau. Im Moment kann uns alles sinnlos erscheinen. Aber im Rückblick erkennen wir, dass eine führende Hand über unserem Leben steht. Darum: Für das Vergangene Dank!

Ich werde diese alte Agenda auf den Altar legen – hinein in das grosse Dankesopfer der Kirche. Dabei dürfen wir auch vertrauen, dass Gott in seiner Liebe auch das Unvollkommene ergänzen und das Irregeleitete wieder ins rechte Lot bringen wird.

Zum Kommenden Ja

Zum Kommenden Ja! Ich habe jetzt hier die Agenda des neuem Jahres. Hier sind schon einige Termine eingetragen. Aber auch hier gilt: Das Leben ist vielfältiger und vielschichtiger, als dass man es ins Detail planen und voraussehen könnte. Wir wissen nicht, was uns alles erwartet. Wir wissen nicht, was uns zugemutet wird. Wir werden versuchen, ein tapferes Ja dazu zu sagen. Dieses Ja wird umso besser gelingen, wenn wir glauben, dass Gott dieses Ja mitträgt. Als Christen glauben wir: Gott selber sagt Ja zu uns – bedingungslos. Je tiefer wir an das liebende Ja Gottes zu uns glauben, desto besser können wir zu unserem eigenen Leben und zu unserer Zukunft Ja sagen. Als Zeichen dafür, dass wir unser Leben – das neue Jahr und unsere Zukunft - Gottes guten Händen anvertrauen möchten, legen wir auch die neue Agenda auf den Altar.

Binde deinen Karren an einen Stern

Wie kann es uns gelingen, optimistisch und vertrauensvoll in die Zukunft zu blicken. Leonardo da Vinci, der grosse Maler und Künstler (1452-1519) gibt uns dazu einen wertvollen Rat: „Binde deinen Karren an einen Stern!". Das Genie von einem Leonardo muss gewusst haben: Wer seinen Lebenswagen mit gesenktem Kopf dumpf und blind hinter sich her schleppt, wird bald einmal aufgeben und seine Möglichkeiten nicht ausschöpfen. Wer dagegen einen Stern entdeckt, der ihm als Ziel ins Leben scheint, wird nicht nur schleppen müssen, er wird sogar von ihm gezogen werden.

Der wahre Stern ist Jesus Christus

Als Christen glauben wir, dass dieser Stern Jesus Christus ist. Über diesen Tagen strahlt dieser Stern besonders hell. Weise aus dem Osten sahen ihn und folgten ihm. Wörtlich heisst es in der Bibel: „Der Stern zog vor ihnen her bis zu dem Ort, wo das Kind war" (Mt 2,9). Dieser Stern ist bis heute nicht erloschen. Auch heute kann ich meinen Lebenswagen an ihn binden und dabei ein Zweifaches entdecken:

1. Im Stern von Bethlehem, im Kinde von Bethlehem, hat Gott begonnen, sein wahres Gesicht uns Menschen zu zeigen. Wer Gott wirklich ist, erkennen wir in Jesus Christus, seinem menschgewordenen Sohn: an seinem Leben, an seinen Worten und Taten.

2. Wir tun gut daran, uns selber an diesem Kind, an seinem Leben und an seiner Botschaft zu orientieren. Binden wir unseren Lebenswagen gemeinsam an den Bethlehem-Stern: das heisst an Jesus Christus selbst. Durch IHN haben wir Zukunft und ein erfülltes Leben. Er ist das Ja Gottes zu uns Menschen für alle Zeit und Ewigkeit.

Neujahr (B)

Die drei Fragen

Als Menschen und als Christen haben wir keinen grösseren Wunsch, als dass wir ein sinnerfülltes Leben haben. Und genau das ist auch Gottes Plan und Wille für uns. Doch wie sollen wir es anstellen, dass wir in unserem Leben Sinn erfahren, dass unser Leben glückt und gelingt: vor Gott und vor den Menschen? Um darauf eine Antwort zu finden, möchte ich heute den russischen Dichter Leo Tolstoi zu Worte kommen lassen. Er berichtet von einem König, der einen Einsiedler aufsuchte, um ihm drei Fragen vorzulegen.

Die erste dieser Fragen lautete: „Welches ist der wichtigste Augenblick meines Lebens?“ – Nun frage ich zunächst Euch, die Ihr hier seid. Was würdet Ihr darauf antworten? Welches ist der wichtigste Augenblick meines Lebens? Einer würde vielleicht sagen: „Der wichtigste Augenblick meines

Lebens war der meiner Geburt“. Ein gläubiges Kind betrachtet vielleicht die Taufe oder den Tag der Erstkommunion als wichtigsten Augenblick seines Lebens. Oder man erklärt den Tag der Hochzeit als den wichtigsten Augenblick oder ein Examen, einen Lehrabschluss, eine Meisterprüfung oder vielleicht auch eine Krise im Leben, die einem die Augen für die eigentlichen Werte im Leben geöffnet hat. Oder den Tod – und warum nicht, er entscheidet ja schliesslich über alles, über die Ewigkeit.

Was aber antwortet der Einsiedler? „Der wichtigste Augenblick, der einzig wichtige im ganzen Leben ist immer der je gegenwärtige“. Er ist der einzige Augenblick, der wirklich ganz mir gehört. Alle bisherigen Augenblicke des bisherigen Lebens sind unwiderruflich vorbei und kehren nie mehr zurück. Alle Augenblicke der Zukunft stehen noch nicht in meiner Verfügung. Das einzige, was mir geschenkt ist, was ich wirklich besitze, das ist der gegenwärtige Augenblick; und gerade ihn, diesen einzigen Augenblick hier und jetzt mit der gesammelten Kraft unseres Herzens auszunützen, das ist uns als Aufgabe gestellt: als Aufgabe ein ganzes Jahr, ein ganzes Leben lang.

Und der König stellte dem Einsiedler eine zweite Frage: „Welcher Mensch ist für mich der wichtigste?“ Und wieder wollen wir über diese Frage etwas nachdenken: Welcher Mensch könnte das wohl sein? Die Eltern, denen wir Leib und Leben verdanken? Ein Lehrer? Franz Werfel schrieb einmal: „Dem Vater und der Mutter verdanke ich das Leben, alles andere dem Lehrer“. Der wichtigste Mensch für mich? Der Lebenspartner, ein Priester, ein Freund oder ein ganz bestimmter Mensch, der mir in einem entscheidenden Augenblick meines Lebens mit einem Wort, einer Hilfe oder einfach durch sein Dasein wieder Halt gegeben hat? Welcher Mensch ist für mich der wichtigste im Leben?

Der Einsiedler sagte dem König: „Der wichtigste Mensch für dich ist immer gerade der, der vor dir steht“. In diesem Augenblick seid Ihr, Ihr alle für mich die wichtigsten Menschen und ich bin es für Euch, weil ihr eben mit mir in Kontakt steht (und mir, wie ich spüre, aufmerksam zuhört).

Bald aber treten andere Menschen in euren Gesichtskreis. Und jeden Tag und jede Stunde sind es wieder andere Menschen, denen wir begegnen: Bekannte und Unbekannte, Kinder und Betagte, Kranke und Gesunde. Jeder Mensch kann für uns der wichtigste werden. In jedem will Gott uns begegnen, in jedem ernst genommen werden.

Um das Jahr 200 n. Chr. schrieb Tertullian das bedeutsame Wort: „Wenn du einen Bruder, eine Schwester, einen Mitmenschen siehst, dann hast du Christus, den Herrn, gesehen“. Heute, ja heute und das ganze Jahr wird uns Gott in jedem Menschen begegnen. Und gerade darum wird für mich und für Euch der betreffende der wichtigste Mensch sein.

Und noch eine dritte Frage bleibt zu beantworten, die der König an den Einsiedler stellte: „Welches Werk ist das wichtigste in meinem Leben?“ Und ein drittes Mal wollen wir selber der Frage etwas nachgehen und versuchen, darauf eine Antwort zu finden. Da wird der eine vielleicht sagen: Das Wichtigste ist, täglich treu seine Pflicht zu erfüllen: im Beruf und in der Familie. Eine Mutter sagt vielleicht, ihr wichtigstes Werk sei es, die Kinder zu anständigen und ehrlichen Menschen zu erziehen. Ein junger Mensch meint: sich vorzubereiten für Beruf und Leben, sei das Wichtigste; der Priester, Gottes Liebe zu verkünden und vorzuleben usw.

Was aber sagte der Einsiedler? „Das wichtigste Tun in deinem Leben ist: dem Menschen, der gerade vor dir steht, etwas Gutes zu tun“.

Da gibt es viele Möglichkeiten: Ein freundlicher Blick kann schon genügen, einen Menschen aufzuheitern. Ein gutes Wort kann Wunder wirken. Eine helfende Tat lindert innere und äussere Not. Eine Handvoll Güte von Mensch zu Mensch ist mehr als eine Weltumsegelung.

Was bleibt jetzt noch zu sagen? Nehmt sie mit, die drei Fragen. Nehmt sie mit, die drei Antworten:

> Der wichtigste Augenblick in deinem Leben –
> der immer je gegenwärtige!
>
> Der wichtigste Mensch in deinem Leben –
> immer gerade der, der vor dir steht!
>
> Das wichtigste Tun in deinem Leben –
> dem Menschen, dem du begegnest, etwas Gutes tun.

Neujahr (C)

Der Herr segne dich

Es war eine archäologische Sensation, als im Jahre 1979 bei Grabungen am Südhang des Hinnom-Tales – ganz in der Nähe der Altstadt Jerusalem – zwei zusammengerollte Silberplättchen gefunden wurden. Drei Jahre brauchte es, bis man sie unzerstört öffnen konnte. Auf der Innenseite der Silberplättchen sind althebräische Buchstaben eingeritzt. Mit Hilfe eines besonderen Verfahrens gelang es, die Worte zu entziffern. Auf dem kleineren der beiden Silberplättchen ist zu lesen:

> Es segne dich / der Herr / und er behüte dich /
> leuchten lasse der HERR / sein Angesicht /
> über dir und / gebe dir Frieden.

Die Nähe zum Bibeltext der heutigen Lesung (Num 6,24-26) ist unverkennbar. Aufgrund des Schrifttyps haben die Wissenschaftler die beiden Silberplättchen in das 7. Jahrhundert v. Chr. datiert. Die

Silberplättchen sind an einer Stelle durchlöchert; so konnten sie an einem Band als Schmuck getragen werden. Wenn der fromme Israelit die Worte des Priestersegens mit sich trug, dann sicher in der Überzeugung: der Segen Gottes begleitet mich und wird in meinem Leben wirksam.

Wenn das Alte Testament vom Segen spricht, dann spricht es vom Leben. Der Segen lässt menschliches Leben aufblühen. Der Segen gibt dem Leben neue Spannkraft. Die Menschen in Israel haben erkannt, dass alles, was sie tun, nur richtig gelingen kann, wenn Gott mit seinem Segen dabei ist. Sie waren überzeugt: Wenn Gott uns segnet, wird alles heil und gut.

Die Bibel braucht beim Segensgebet das Bild eines freundlichen Gesichts, das Gott uns zuwendet, wenn ER uns segnet. Wir haben es heute in der Lesung gehört: „Der Herr lasse sein Angesicht über dir leuchten... Der Herr wende Dir sein Angesicht zu...“. Wir wissen, wie gut das tut, wenn uns ein Mensch anlächelt. Plötzlich sind wir dann nicht mehr so ernst und lächeln zurück. So kann ein Lächeln verwandeln; das gilt erst recht für das Lächeln Gottes. Mit Gott an der Seite, mit seinem Segen wird alles gut werden, auch wenn es vielleicht anders wird, als wir es uns vorgestellt haben.

Immanuel – Gott mit uns

In Jesus Christus hat Gottes Segen sogar menschliche Gestalt angenommen. Gott hat uns alle gesegnet in seinem Sohn Jesus Christus. Durch Jesus ist Gott ganz „ein Gott mit uns und für uns“. „Immanuel“: „Gott mit uns“, das ist ein alter Name für den Messias, für Jesus. Gott schenkt uns Menschen seinen Sohn, um uns zu zeigen, dass er bei uns ist.

„Gott mit uns!“ so können und dürfen wir über das neue Jahr schreiben. Christus leuchtet mit seiner Liebe auch in unser Leben und ins neue Jahr. Er geht mit uns; er ist uns noch näher, als wir uns selber sind. In Jesus

Christus geht Gott alle Wege mit. Darauf dürfen wir uns verlassen. Und es kommt alles darauf an, dass wir immer mehr an die Gegenwart Gottes in unserem Leben glauben. Eine Mystikerin unserer Zeit (Sr. Gertrudis Schinle) hat diese beglückendste Wahrheit und Wirklichkeit unseres Lebens in einem Gebet einmal so umschrieben:

„Gott, für uns bist Du der Wunderbare,
und unsere (inneren) Augen schauen Wunder über Wunder,
wenn sich unser Herz in deine Gegenwart hineingetastet hat.
Deine Liebe will mir jeden Ort
zum Ort der Begegnung machen mit Dir".

Und sie fährt noch weiter:

„Alle Menschen wissen in ihrer Tiefe um Dich,
aber nicht alle steigen nach innen, wo Du zu finden bist.
Viele fliehen vor Dir.
Aber niemand kann Dir entgehen,
man kann nur die Begegnung verzögern.
Denn da, wo ich bin, bist auch Du.
Jede Stätte ist der Ort, wo Du mich erwartest.
Ein Leben lang habe ich damit zu tun,
Deiner Gegenwart wieder und wieder inne zu werden".

Könnten wir im neuen Jahr die Entdeckung machen, dass Gott immer und überall bei uns ist – es wäre die Entdeckung unseres Lebens.

Es gibt nichts Tröstlicheres und Ermutigenderes als die Tatsache, dass Gott auf unserer Seite steht und uns mit seinem Segen begleitet. Und dies möchte ich Euch allen zum Neuen Jahr wünschen: das unerschütterliche Vertrauen, dass Gott mit Euch und für Euch da ist mit seinem Segen.

Neujahr (D)

Gott, Du sollst dabei sein

Johannes Paul I., der 1978 zum Papst gewählt wurde und nur 33 Tage nach seinem Amtsantritt ganz unerwartet starb, schrieb einmal im Rückblick auf seine Schulzeit folgende sympathischen und menschlichen Worte:

„Als ich ein kleiner Junge war und noch in die Primarschule ging, wartete ich sehnsüchtig auf die Stunde, da ich dem Lehrer das alte, schon ganz voll geschriebene Heft geben konnte, um es gegen ein neues Heft einzutauschen. Das alte gefiel mir nicht mehr. Darin hatte ich gestrichen und radiert, Fehler und Kleckse hinterlassen. Im neuen Heft hoffte ich jedoch, schöne Sätze zu schreiben, viel besser auf saubere Buchstaben und richtige Schreibweise zu achten, kurz: als kleiner Schuljunge ein Meisterwerk zu versuchen.

*„So ähnlich ist es am Anfang des neuen Jahres“, schreibt Johannes Paul I. **„Das vergangene Jahr ist das alte Heft,** in dem verlorene Zeit, Verfehlungen, Schwächen und Mängel stehen. **Das neue Jahr ist das neue Heft**. Aber niemand von uns ist sicher, ob er die 365 Seiten zur Verfügung hat - das neue Jahr ist das neue Heft, von dem wir träumen, mit Gottes Hilfe ein kleines Meisterwerk zu vollbringen, trotz der unausbleiblichen Schwierigkeiten“.*

In diesem kurzen treffenden Gleichnis ist die ganze Liebenswürdigkeit, die menschliche Wärme, die lächelnde Einfachheit und die lebendige Gläubigkeit dieses unvergesslichen Papstes gegenwärtig.

Im Blick zurück

Wenden auch wir uns noch einmal unserem alten Jahresheft zu. Blättern wir es noch einmal kurz durch, bevor wir es aus der Hand geben. Dabei stellen wir fest, dass es darin manche unansehnliche Kleckse gibt, dass wir hier und da Fehler, vielleicht sogar schwere Fehler gemacht haben. Manche von diesen Fehlern konnten wir noch korrigieren; andere sind unverbessert stehen geblieben.

Würden wir aber nur auf unsere Fehler schauen, dann würden wir unser Leben einseitig sehen. Denn mit Sicherheit gibt es in unserem alten Jahresheft mit seinen 365 Seiten auch manche, die wir sauber und gut gestaltet haben; Seiten also, auf die wir gern zurückblicken.

Dieser Gottesdienst lädt uns ein, das alte Jahresheft unseres Lebens, so wie es ist, dankbar auf den Altar Gottes zu legen. Wir möchten dies tun im gläubigen Vertrauen, dass Gott alles annimmt und in seine unvorstellbare Liebe hinein verwandelt. So wird selbst das noch gut, was im vergangenen Jahr nicht gut gewesen ist. Denn Gott ist wie ein gütiger, verständnisvoller Lehrer, vor allem seinen schwachen Schülern gegenüber, die immer wieder versagen. Zudem weiss Gott allein, wie viel guter Wille in so manchem Jahresheft verborgen ist. Trotzdem möchte Gott, dass wir unsere Fehler offen und ehrlich mit IHM besprechen, damit wir mit seiner Hilfe ihre Hintergründe tiefer verstehen und auf manches in Zukunft besser achten können.

Im Blick voraus

Inzwischen liegt nun ein neues Heft vor uns. In der letzten Nacht haben wir bereits seine erste Seite aufgeschlagen. Keiner von uns weiss, wie es am Ende des Jahres aussehen wird. Darum ist es sinnvoll, es mit einem Leitwort zu beginnen. So haben wir so etwas wie einen roten Faden, an den wir uns halten können, was auch immer auf uns zukommen mag.

Als ich nach einem solchen Leitmotiv suchte, kam mir ein ganz kurzes lateinisches Wort in den Sinn. Es heisst: **„Tu adesto! - Du sollst dabei sein!“**) So sprachen sich Menschen früherer Zeiten Mut zu am Anfang einer längeren Reise. Sie wollten den beschwerlichen, unüberschaubaren und oft gefahrvollen Weg nicht allein gehen. Gott sollte mit ihnen sein. „Denn“, so sagten sie sich, „wenn Gott mit uns geht, dann wird alles gut“.

„Tu adesto - Gott, du sollst dabei sein!“ Mit diesem kurzen Gebet können wir jeden Tag des neuen Jahres beginnen - ein wunderbares Morgengebet! Dieses Gebet können wir in jeder Lebenssituation sprechen. Gott, du sollst dabei sein, wenn es mir gut geht, wenn ich glücklich bin, wenn ich Erfolg habe, wenn ich arbeite und ruhe, wenn ich mit anderen Menschen zusammenkomme, sei es am Familientisch, am Stammtisch oder am Konferenztisch.

Du sollst aber auch an den schweren und dunklen Tagen meines Lebens bei mir sein; dann, wenn etwas missglückt, wenn ich einsam und gekickt am Boden liege, wenn ich nicht mehr weiss, wie es weitergehen soll, wenn Traurigkeit mein Herz gefangen hält. Du sollst bei mir sein am Tag der Prüfung, der Krankheit und der Not. Überall, wo ich bin, da sollst auch Du, Gott, dabeisein und mich schützen und mich führen. Zeichenhaft legen wir das neue Heft auf den Altar.

„Tu adesto - Gott, du sollst bei mir sein!“ Das ist unsere Bitte am Neujahrstag und jeden Tag des neuen Jahres. Gott wird diese Bitte gerne hören und erhören. Und wenn Gott bei uns ist, dann wird es ein gutes und gesegnetes Jahr werden. Dies wünsche ich Euch allen von Herzen.

Epiphanie (A)

Unsere Lebensgeschichte als Gabe zur Krippe bringen

Immer wieder versuchen Menschen, das Geheimnis von Weihnachten in tiefsinnigen Geschichten auszudrücken und darzustellen. Eine ganz tiefsinnige Geschichte, die auch das heutige Evangelium erhellt und deutet, möchte ich Euch heute erzählen.

Die „drei Könige“ aus unserer Zeit

Es geschah vor Jahren im Aussenquartier einer grossen Stadt. Ein paar jüngere Leute hatten die Absicht, die Weihnachtsgeschichte zu spielen. Am Vorabend der ersten Aufführung stellten sie mit Erschrecken fest, dass die drei Könige fehlten. Man hatte die Rollen einfach vergessen. Aber darin waren sich die Spieler schnell einig: Auf diese wollte man nicht verzichten. Die drei Könige gehören zu einem Weihnachtsspiel. Aber was tun? Der Spielleiter hatte eine Idee. Er wollte jetzt gleich drei Leute aus dem Quartier telefonisch anrufen, ob sie bereit wären, als Könige einzuspringen. Sie sollten einfach einen Gegenstand mitbringen, der ihnen etwas bedeutet – als Geschenk für das Christkind. Und dazu sollten sie frisch von der Leber weg sagen, warum sie gerade diesen Gegenstand mitbrachten. Der Vorschlag fand Zustimmung.

Der erste König war bald gefunden, ein Mann Mitte 50, Vater von 5 Kindern, Angestellter bei der Stadtverwaltung. Er überlegte nicht lange, was er als Geschenk mitbringen wollte. Er entschied sich für Krücken, die im Abstellraum lagen. Vor einigen Jahren hatte er einen schweren Unfall. Er lag mehrere Wochen im Spital, mit vielen Brüchen in den Beinen und im Becken. Es war eine schwere Zeit. Lange wusste der Mann nicht, ob er überhaupt wieder einmal werde gehen können. Nächtelang lag er wach im Bett und dachte über sein Leben nach. Er hatte bisher vieles als selbstverständlich genommen. Jetzt lernte er dankbar zu sein für das Kleine und Alltägliche. Jeder noch so kleine Fortschritt machte ihm Mut und Hoffnung. Seine Angehörigen sagten, diese Spitalzeit hätte ihn verändert, er sei bescheidener und fröhlicher geworden und vor allem dankbar. Diese Lebenserfahrung wollte der Mann erzählen, wenn er im Spiel die Krücken zur Krippe brachte.

Der zweite König war eine Königin, eine junge Frau, Mutter von zwei Kindern. Sie sagte spontan zu. Lange und intensiv dachte sie über ihr vergangenes Leben nach. Da gab es kein grosses Ereignis, von dem sie berichten konnte. Früher hatte sie in ihrem Beruf viel Bestätigung erfahren. Dann war sie Hausfrau und Mutter geworden. Ihr Alltag schien ihr oft eintönig und wenig attraktiv. Manchmal hatte sie fast ein wenig Bedauern mit sich selber. Doch dann merkte sie, dass man mit Selbstmitleid nicht weiterkommt. Sie begann, sich um die Menschen in ihrer Umgebung zu interessieren. Sie half, wo sie konnte. Vor allem aber schenkte sie ihrem Mann und ihren Kindern mehr Zeit und Zuwendung und entdeckte, dass hier eine wunderbare, schöpferische Aufgabe für sie bereitstand. Sie begriff, dass gerade die alltägliche Erziehungsarbeit und die Pflege des Familienlebens von grosser gesellschaftlicher Bedeutung ist. Davon und vom langen Prozess, den sie als Frau und Mutter durchgemacht hatte, wollte sie beim Weihnachtsspiel erzählen.

Aber noch blieb die Frage, was sie als Königin mitbringen sollte. Etwa einen Besen oder Windeln? Sie entschied sich für etwas, das man nicht sehen kann und das doch so lebendig in ihr zugegen war wie nie zuvor: das Ja ihres Hochzeitstages, das wollte sie mitbringen, ein neues gereiftes Ja.

Der dritte König war und ist ein Fall für sich. Ein junger Mann hatte zugesagt und war dann doch nicht erschienen. Er sitzt noch immer in seinem Zimmer und weiss nicht, was er mitbringen soll. In ihm ist nur Unruhe, Suchen, Fragen, Warten, Zweifel. Er hat nichts vorzuweisen. Seine Hände sind leer. Sein Herz ist voller Trauer und Sehnsucht nach Glück und Lebenssinn. Und wer will schon Trauer und Sehnsucht weiterschenken?!

Seit Kurzem allerdings beschäftigt den jungen Mann eine Frage: Wenn das Christkind doch geboren wurde, um uns etwas zu bringen, dann wäre es doch am besten, wenn unsere Hände leer und unser Herz ganz zum Empfang bereit wären. Ob man als König nicht einfach leere Hände mitbringen könnte?! Diese Frage lässt den jungen Mann nicht mehr los. Und er weiss: Wenn in einigen Jahren wieder die Weihnachtsgeschichte gespielt wird, ist er dabei - als König mit leeren Händen.

Liebe Gläubige!
Angenommen, Sie wären von der Spielgruppe angefragt worden, die Rolle eines Königs zu übernehmen, was hätten Sie mitgenommen und erzählt? Die Antworten würden wohl sehr verschieden ausfallen. Die einen würden wie der erste König und die zweite Königin etwas aus ihrer Lebensgeschichte erzählen; sie würden ihr Ringen und Mühen und Reifen zur Krippe bringen. Und können wir etwas Besseres Christus schenken als unsere Lebensgeschichte, unser Leben, uns selbst – und unsere Dankbarkeit?!

Aber was dann, wenn unser Leben aussieht wie eine ausgebrannte Ruine oder ein Trümmerhaufen?! Auch dann und gerade dann dürfen wir zu Christus gehen: mit leeren Händen und weinendem Herzen, mit unserer Armseligkeit und Hilflosigkeit. Und wenn wir über unsere Zweifel, unsere ungelösten Fragen und unbewältigten Probleme zu reden wagen, können wir andern oft mehr helfen und mehr geben, als wenn wir so tun, als wäre für uns alles klar, als wären wir immer Erfolgsmenschen. Bescheidenheit und Demut sind Gott wohlgefälliger und den Menschen hilfreicher als Selbstsicherheit und Selbstüberschätzung. Und darum sollen und dürfen wir mit unserer Armut zu Christus gehen und ihm unsere leeren Hände hinhalten, damit er sie fülle mit seiner Gnade.

Ja sogar mit unserer Sündhaftigkeit, mit unseren Fehlern und Schwächen dürfen wir uns zur Krippe wagen. Denn nur von dort her - von Christus her, der für uns Mensch geworden ist - gibt es Hoffnung, Rettung und Heil. Wenn wir unser Leben – so wie es jetzt ist - Christus in die Hände legen, werden wir als Verwandelte von der Krippe weggehen – so wie die Sterndeuter aus dem Osten, die auf einem anderen Weg in ihren Alltag zurückgekehrt sind. Die Begegnung mit dem göttlichen Kind hat schon Millionen von Menschen verändert, verwandelt! Warum nicht auch uns?!

Epiphanie (B)

Gott erfahren - Sternstunden des Lebens

Wie können wir Gott erkennen und erfahren? Kaum eine andere Frage beschäftigt alle suchenden Menschen so sehr wie diese Frage. Das heutige Fest kann uns dabei einige hilfreiche Hinweise geben. Im Griechischen heisst das heutige Fest "Epiphanie". Das bedeutet "die Kundmachung Gottes": Gott will sich den Menschen offenbaren, kundtun, bekanntmachen.

Wer sich einigermassen in der Bibel und auch im Leben von Menschen, die Gott erfahren haben, auskennt, macht folgende Feststellung: Wenige Menschen - wenn überhaupt - können Gott unmittelbar erkennen. Die allermeisten Menschen können Gott immer nur als den erfahren, der sich "mittelbar" kundtut: in den Dingen dieser Welt, durch seine Schöpfung, durch besondere Lebensumstände, durch Mitmenschen, gewiss auch im Wort der Bibel und in den Sakramenten der Kirche, in seinem menschgewordenen Sohn. Die eigentliche Voraussetzung, um Gott erfahren zu können, ist die Offenheit: Der Mensch muss ein Suchender sein - innerlich fragend und suchend unterwegs.

Menschen, die Gott erfahren haben

Ich möchte von einigen Menschen erzählen, die Gott in ihrem Leben erfahren haben:

➢ Ich denke an **Edith Stein**, die ungläubige, aber Gott suchende Philosophin. In den dunkelsten Tagen ihres Lebens war sie bei ihrer Freundin zu Besuch. Dort kam ihr ein Buch in die Hand. Sie las darin die ganze Nacht. Als sie es am Morgen ausgelesen hatte, sagte sie: "Das ist die Wahrheit!". Dieses Erlebnis wurde zur Sternstunde ihres Lebens und der Beginn eines radikal neuen Lebens. Durch ein Buch war ihr Gottes Wirklichkeit aufgegangen.

➢ Dem jungen gottlosen Dichter **Paul Claudel** ging Gottes lichtvolle Nähe in der Kathedrale von Paris während eines weihnachtlichen Gottesdienstes auf. Ein Knabenchor sang gerade das Magnificat. Da geschah auf einmal etwas Unerwartetes, das für das ganze Leben des Dichters bestimmend wurde. Claudel bekennt: "In einem einzigen Augenblick wurde mein Herz ergriffen, ich glaubte...! Wie glücklich doch die Menschen, die einen Glauben haben! Es ist wahr: Gott existiert. Er ist da. Er liebt mich, er ruft mich".

➢ **Ignatius von Loyola** ging der Stern Gottes auf dem Krankenbett auf.

➢ **Augustinus** wurde durch eine Kinderstimme zu Gott geführt.

Diese und viele andere erlebten, was auch die Weisen aus dem Osten erfahren haben. Sie erfuhren das Aufleuchten von Gottes Liebe nicht in etwas Aussergewöhnlichem, sondern gleichsam im Kleid des Alltags.

Können wir Gott erfahren?

Vielleicht fragen wir an dieser Stelle, wann wir selbst einmal in dieser Weise Gottes Liebe und Nähe erfahren haben? Ein östlicher Mönch gibt darauf eine überraschende Antwort: "Jeder Mensch kann am Abend zumindest für drei Dinge danken". Wenn wir Gott für drei Dinge jeden Tag danken können, dann ist doch Gott mitten in unserem Leben gegenwärtig und wirksam. Wir müssten seine Gegenwart nur bewusster wahrnehmen. Oft sind es auch Nebensächlichkeiten, die auf einmal voller Licht sind.

Menschen suchen Gott - noch mehr sucht Gott uns

Menschen erfahren Gottes Nähe, wenn sie Gott suchen in den alltäglichen Dingen ihres Lebens. Dabei dürfen wir aber eines nicht übersehen: Noch mehr als die Menschen Gott suchen, so sucht Gott die Menschen - er sucht auch uns. Gott sucht uns, um uns auf den Weg zu Jesus zu bringen. Wir sehen es deutlich im Hinblick auf die Weisen aus dem Osten. Durch einen Stern wurden sie von Gott geführt. Zwar vermochten sie den Stern zeitweise nicht mehr zu erkennen. Aber sie gaben nicht auf. Im entscheidenden Moment leuchtete der Stern wieder auf. Und sie fanden, was sie suchten: den verheissenen Erlöser der Welt.

Anbetung Gottes - die gebührende Antwort des Menschen

Als sie das Kind fanden, wurden sie von grosser Freude erfüllt und knieten vor diesem Kind nieder, um in ihm Gottes unergründliche Liebe anzubeten. Von "Anbetung" ist heute nur noch selten die Rede. Und doch ist Anbetung die eigentlich angemessene Haltung des Menschen vor Gott. Pater Pierre Teilhard de Chardin (1881 - 1955) sagte einmal: "Je mehr der Mensch wirklich Mensch wird, um so mehr wird er von dem Bedürfnis gepackt, anzubeten". In der Anbetung anerkennt der Mensch seine Geschöpflichkeit, seine Abhängigkeit von Gott, seine Verwiesenheit auf den Schöpfer.

Durch die Anbetung Gottes auf einen neuen Weg geführt

Bei der Erzählung von den Weisen muss uns noch folgendes auffallen: Sie kehrten auf einem anderen Weg in ihr Land zurück. Damit kommt u.a. zum Ausdruck, dass sie durch die Anbetung Gottes in diesem Kind andere Menschen geworden sind; denn Menschen, die in Jesus Gott gefunden haben, machen immer eine radikale Wandlung durch. Sie lassen sich ihre Weisungen von oben, vom Himmel, geben. Das ist das Geheimnis ihrer Menschlichkeit. Von solcher Menschlichkeit ist bei Herodes nichts zu finden. Er schaut nicht nach oben; er schaut auf sich selbst. Im Gegensatz zu Herodes denken die Weisen nicht von sich, sondern von Gott her: "Herr, welchen Weg sollen wir jetzt gehen? Herr, was willst du, das wir tun sollen?"

Möge das heutige Fest uns die Augen und die Herzen öffnen für die vielfältigen Spuren Gottes in unserem Leben. Dann können auch wir so manche Stunde unseres Lebens als Sternstunde erkennen. Und vielleicht dürfen wir so auch für andere zu einem kleinen Leuchtzeichen werden, damit sie auf dem oft dunklen Lebensweg die Orientierung nicht verlieren.

Taufe Jesu (A)

Die Taufe Jesu und unsere Taufe

"Ich mag Dich. Es ist gut, dass Du bist". Diese Worte sind etwas vom Kostbarsten und Tiefsten, was Menschen einander sagen können. "Ich mag Dich", so bezeugen Liebespaare sich gegenseitig ihre Zuneigung und Zärtlichkeit. "Es ist gut, dass Du bist", so lassen sich Freunde gegenseitig ihre Wertschätzung spüren.

Ich mag Dich, Du

An dieser menschlichen Erfahrung dürfen wir anknüpfen, wenn wir das heutige Evangelium verstehen wollen. Bei der Taufe Jesu bekennt sich Gott-Vater zu Jesus Christus als "seinem geliebten Sohn". Die Stimme vom Himmel will Christus sagen: "Ich mag Dich. Du darfst meiner Liebe sicher sein. Ich habe Freude an Dir. Du bist mir unendlich kostbar und wertvoll".

Was nun in der Taufe Jesu in einzigartiger Weise geschehen ist, gilt modellhaft für unsere eigene Taufe. Noch viel tiefer als Menschen einander ihre Liebe zeigen können, liebt Gott uns Menschen. Zu jeder und zu jedem von uns sagt Gott: "Du, ich mag dich. Ich liebe dich. Du bist mir wertvoll und kostbar. Du bist mein geliebter Sohn, meine geliebte Tochter". Die Taufe ist die sakramentale Bestätigung dieses unbedingten Ja Gottes zu uns Menschen. Diese unbedingte Liebe Gottes zu uns Menschen ist das Fundament und der tragende Grund unseres Lebens.

Daraus dürfen wir eine ganz wichtige Folgerung für unser Leben ziehen: Weil Gott uns liebt, können wir uns selber lieben (gern haben) und annehmen. Ein gesundes Selbstwertgefühl, eine vernünftige Selbstliebe hat nichts mit Hochmut und Stolz zu tun, sondern ist Ausdruck dafür, dass wir uns selber als von Gott geliebte Geschöpfe sehen und annehmen. Dadurch ehren wir Gott, dem wir unser Leben und alle guten Gaben und Begabungen verdanken.

Ich brauche Dich, Du

Bei der Taufe Jesu kommt etwas Zweites und sehr Zentrales zum Ausdruck: Gott-Vater hat für Jesus einen wichtigen Auftrag bereit. Er sagt zu seinem Sohn: "Du, ich brauche dich. Ich habe für dich eine wichtige Aufgabe in dieser Welt". Worin dieser Auftrag besteht, hat uns die heutige Lesung treffend beschrieben: "Du sollst den Völkern das Recht und die Gerechtigkeit bringen. Du sollst das geknickte Rohr nicht zerbrechen und den glimmenden Docht nicht auslöschen. Du sollst Licht sein für die Völker, blinde Augen öffnen, Gefangene aus dem Kerker holen...".

Wie ernst Jesus diesen Auftrag genommen hat, zeigen uns alle Berichte der vier Evangelien. Immer stellte sich Jesus auf die Seite der Rechtlosen und wollte ihnen Recht verschaffen. Die Menschen, die von allen abgeschrieben waren, hat er verteidigt und sie durch seine Liebe in neue Menschen verwandelt. Er hat auch die verlorensten Menschen nicht aufgegeben, sondern an das Gute in ihnen geglaubt und dem Guten wieder zum Durchbruch verholfen.

Wie nun Jesus in der Taufe von seinem Vater einen zentralen Auftrag erhielt, so gilt das modellhaft auch für unsere Taufe. Unsere Taufe nimmt auch uns in Pflicht. In der Taufe sagte Gott zu jeder und jedem von uns persönlich: "Du, Dich brauche ich; und ich kann Dich brauchen. Du sollst ein Zeichen meiner Liebe in dieser Welt sein". Was Jesus in seinem Leben und Wirken begonnen hat, sollen wir als Getaufte weiterführen: den Menschen zu ihrem Recht verhelfen, Kranken beistehen, die Mutlosen aufrichten, Traurige trösten, Verlorene wieder auf den rechten Weg führen, die Frohe Botschaft durch unser Leben verkünden. Die christliche Taufe bedeutet Auftrag und Verpflichtung. Wenn jeder an seinem Platz seinen christlichen Auftrag ernst nimmt, geschieht in dieser Welt viel Gutes; wird es in dieser Welt heller und froher.

Du, ich gehe mit Dir

Und noch ein Drittes kommt in der Taufe Jesu zum Ausdruck: Jesus erhält in der Taufe von seinem Vater die Zusage, dass er nie allein ist: "Ich bin immer bei Dir. Ich fasse dich an der Hand. Ich gehe alle Wege mit dir". Diese Gewissheit gab Jesus die Kraft, auch die dunklen und schweren Stunden seines Lebens durchzustehen. So kommt es auch nicht von ungefähr, dass Jesus immer wieder im Gebet die Nähe zu seinem Vater suchte und pflegte.

Und auch hier: Die Zusage Gottes an Jesus bei seiner Taufe am Jordan gilt modellhaft auch für unsere christliche Taufe. Da sagt Gott zu uns: "Ich bin immer bei dir. Ich lasse dich nie allein. Mit meiner Nähe und Hilfe kannst du immer rechnen. Ich gehe mit dir durch alle Höhen und Tiefen deines Lebens".

Liebe Mitchristen! Vielleicht haben wir jetzt gespürt und erkannt, wie tief unser Leben und unser Lebensauftrag durch unsere Taufe mit dem Leben und dem Lebensauftrag Jesu verbunden und verwoben ist. "Ich mag dich. Ich brauche dich. Ich gehe mit Dir": Das sind die drei zentralen Worte, die Gott seinem Sohn und in der Taufe auch uns zugesprochen hat. Je mehr wir die Gemeinschaft mit Jesus suchen und in seinem Geist unser Leben gestalten, desto besser wird unser Leben gelingen. Unser Leben wird dann Gott ehren und den Menschen Heil und Segen bringen.

Taufe Jesu (B)

Die drei zentralen Zeichen bei der Taufe

Liebe Kinder, liebe Eltern, liebe Schwestern und Brüder im Glauben!
Wenn ein Kind oder ein erwachsener Mensch getauft wird, braucht es drei wichtige Zeichen: Das Taufwasser – das heilige Öl (Chrisam) – die Osterkerze bzw. die Taufkerze. Über diese drei Zeichen und ihre Bedeutung wollen wir heute speziell nachdenken.

1. Das wichtigste Zeichen: Wasser –Taufwasser

Ich habe hier einen Krug mit Wasser. Ohne Wasser gäbe es kein Leben. Nicht einmal die Pflanzen könnten ohne Wasser gedeihen.
In der Osternacht wird das Taufwasser feierlich gesegnet. Bei der Taufe giesst der Priester das Taufwasser über den Kopf des Kindes – der Täufling kann auch ein Erwachsener sein – und spricht dabei: „Ich taufe dich im Namen des Vaters und des Sohnes und des Heiligen Geistes“.
In der Taufe wird uns göttliches Leben zugesprochen und geschenkt. Taufe bedeutet: Wir gehören zu Gott – dem dreieinigen Gott.

- Wir sind getauft auf den Namen des Vaters. Das bedeutet: Wir gehören zu unserem Vater im Himmel. Wir sind Gottes geliebte Kinder, weil Gott unser guter Vater ist.

- Wir sind getauft auf den Namen des Sohnes Gottes. Das bedeutet: Wir gehören zu Jesus Christus, Gottes Sohn. Christus ist der wunderbarste Freund, den es gibt – und er ist ganz besonders auch ein Freund der Kinder.

- Wir sind getauft auf den Namen des Heiligen Geistes. Das bedeutet: Wir gehören zum Heiligen Geist. Der Heilige Geist ist die Kraft der Liebe. Durch die Liebe - durch den Heiligen Geist - wohnt Gott auch in unserem Herzen.

Gott als Vater, Sohn und Heiliger Geist ist die Quelle des Lebens. Darum werden wir getauft mit Taufwasser auf den Namen des dreieinigen Gottes. Wasser - Zeichen des Lebens. Taufwasser - Zeichen, dass Gott uns göttliches Leben schenkt.

- In Erinnerung an die Taufe nehmen wir immer wieder das Weihwasser und bezeichnen uns mit dem Kreuz auf Stirne, Mund und Brust. Wir machen das jedes Mal, wenn wir in die Kirche kommen und wenn wir sie verlassen. Das soll uns an die Taufe erinnern und dass wir durch die Taufe in die Gemeinschaft der Kirche aufgenommen wurden.

- Es ist schön, wenn wir auch zu Hause Weihwasser haben und uns öfters damit bezeichnen – bevor wir das Haus verlassen oder bevor wir ins Bett gehen. Jedes Mal, wenn wir uns mit Weihwasser bezeichnen, erinnern wir uns dankbar an unsere Taufe.

2. Das zweite Zeichen: das heilige Öl – das Chrisam

Nach der Taufe mit Wasser werden die Täuflinge mit heiligem Öl gesalbt auf die Stirne. Hier habe ich einen kleinen Behälter mit heiligem Öl. Dieses Öl nennt man Chrisam. Christus – Christen – Chrisam: Das ist der gleiche Wortstamm. Christus heisst wörtlich „Der Gesalbte“. Christen sind jene, die sich zu Christus bekennen. Salbung meint immer auch, einen bestimmten Auftrag, eine bestimmte Aufgabe übernehmen. Jesus hat vom Vater den Auftrag bekommen, seine Liebe den Menschen erfahrbar zu machen. An dieser Sendung, an diesem Auftrag haben alle Christen teil.

Auch bei der Firmung werden wir mit Chrisam gesalbt. Getauft- und Gefirmt sein heisst: zum christlichen Glauben stehen, den Glauben leben, Gott und den Menschen dienen. Das Chrisam möchte uns dazu stärken, uns dazu die Kraft geben.

3. Das dritte wichtige Zeichen: die Osterkerze

In der Osternacht wird jeweils das Osterfeuer gesegnet und daran die Osterkerze angezündet. Dann wird die Osterkerze in die dunkle Kirche getragen; und alle Gläubigen zünden an der grossen Osterkerze ihre kleinen Osterkerzen an.

Bei jeder Taufe brennt die grosse Osterkerze. Denn die Taufe ist ein österliches Geschehen. Die Osterkerze ist Zeichen für Christus, der das Dunkel der Sünde und des Todes überwunden hat. Heute brennt die grosse Osterkerze neben dem Altar. An der Osterkerze wird jeweils bei der Taufe die Taufkerze angezündet. Ich werde jetzt diese kleine Taufkerze an der grossen Osterkerze anzünden. - Jetzt brennt die Taufkerze.

- Die Kerze spendet Licht. Licht hat mit Leben zu tun. Wo kein Licht ist, kann auch kein Leben bestehen. Wie die Kerze Licht verbreitet, so soll der Christ/die Christin das Licht des Glaubens in seiner Umgebung leuchten lassen.

- Kerzenlicht spendet Wärme; von den Christen soll innere Wärme und Herzlichkeit ausstrahlen auf ihre Mitmenschen.

- Die brennende Kerze verzehrt sich selbst; der Christ ist ein Mensch, der nicht für sich allein lebt, sondern sich einsetzt im Dienst an den Mitmenschen.

Die Taufkerze soll den Christen durch sein ganzes Leben begleiten:

- Es wäre schön, wenn wir jedes Jahr nicht nur den Geburtstag feiern, sondern auch den Tauftag. Dabei können wir die Taufkerze anzünden und Gott für das Geschenk der Taufe danken.

- Heute werden die kommenden Erstkommunionkinder ihre Taufkerze anzünden und ihren Glauben an den dreieinigen Gott bekennen.

- In manchen Familien ist es Brauch, die Taufkerzen an Ostern anzuzünden als Zeichen des neuen Lebens und der österlichen Freude.

- Manche Brautpaare bringen ihre Taufkerzen zum Hochzeitsgottesdienst mit, zünden sie an der Osterkerze an und zeigen damit, dass sie nun gemeinsam ihren christlichen Glauben in der Ehe und Familie leben wollen.

- Brennt die Taufkerze schliesslich am Sterbebett, dann wird sie zum Zeichen der Hoffnung auf die Auferstehung - die Auferstehung, die ja das letzte Ziel unseres Lebens ist.

Liebe Kinder, liebe Gläubige!
Wasser / Taufwasser - Heiliges Öl / Chrisam – Osterkerze / Taufkerze: das sind die die drei grossen Zeichen, die uns die Bedeutung der Taufe bewusst machen. Sie deuten darauf hin, dass Gott uns liebt und dass er will, dass wir ein erfülltes und glückliches Leben haben.

Dankgebet für die heilige Taufe

Vater im Himmel.
Durch die heilige Taufe
bin ich dein Kind geworden.
Ich danke dir, dass du mich liebst.

Herr Jesus Christus.
Seit meiner Taufe weiss ich,
dass du mein bester Bruder und Freund bist.
Du bist immer bei mir. Du verstehst mich.

Heiliger Geist.
Durch deine Liebe wohnst du in meinem Herzen.
Du hilfst mir, Gott und die Menschen zu lieben.

Dreieiniger Gott.
Durch die heilige Taufe gehöre ich zur Kirche,
zur Familie Gottes, zum Volk Gottes.
Hilf mir, treu zur Kirche zu stehen
und mich für das Leben der Kirche einzusetzen.

OSTERFESTKREIS

1. Fastensonntag

Versuchungen

Ein grausames Spiel

Das Mittelalter kannte ein grausames Spiel: Ein hungriger Bär wurde zu einem Kessel mit Honig geführt, der über einem Feuer siedete. Wenn der Bär nun schlecken wollte, verbrannte er sich Pfoten und Schnauze, lief dann vor Schmerz heulend durch den Burghof, um dann doch wieder – wie ein Süchtiger – einen neuen Versuch zu starten. Die Damen und Herren auf den Zuschauerrängen ergötzten sich an diesem grausamen Spiel – bis der Bär total verstört vor Begierde und Schmerz am Boden lag.

Damals wie heute

Manche Leute gleichen ein wenig diesem Bär! Der Kessel mit Honig ist heutzutage manchmal der Versucher in Gestalt der Werbeindustrie, die unsere Begierden und Wünsche anstachelt und uns einredet: Wenn du all diese tausend Dinge besitzt, dann bist du glücklich! Aber das ist doch ein grosser Irrtum.

Wir sind Adam und Eva

In der heutigen Lesung haben wir gehört, wie Adam und Eva in einem viel tieferen Sinn versucht wurden und sich auch verführen liessen. Es geht hier um die Frage, ob sie auf Gottes Gebot hören und sich ihm unterordnen wollen oder ob sie selber sein wollen wie Gott. Sie haben die Versuchung nicht bestanden. Am Schluss waren sie total enttäuscht und unglücklich. Die Bibel braucht dafür das Wort „nackt". Das bedeutet in diesem Zusammenhang „blossgestellt", frustriert. entlarvt, demaskiert.

Wir alle sind manchmal Adam und Eva. Und typisch in der Geschichte: Weder Adam noch Eva wollen die Verantwortung für ihr Tun übernehmen. Adam wirft Eva vor, sie hätte ihn versucht. Auch Eva hat eine

Entschuldigung: „Die Schlange hat mich versucht". So sind wir Menschen. Wir sind immer in Versuchung, unsere Schuld auf andere abzuwälzen. Das beginnt schon bei den Kindern: „Der andere hat angefangen".

Jesus wird versucht

Das heutige Evangelium bildet einen Kontrast zur Lesung. Jesus wird zu Beginn seines öffentlichen Wirkens ebenfalls in die Versuchung geführt, aber er widersteht einer dreifachen Versuchung.

Bei der ersten Versuchung geht es um Brot gegen den Hunger: „Wenn du Gottes Sohn bist, dann mach aus diesen Steinen Brot". Aber Jesus sagt, dass der Mensch nicht vom Brot allein lebt. Man darf das Leben nie auf die Brotfrage reduzieren. Der Mensch ist zu Höherem berufen, als nur seinen Leib zu nähren. Der Mensch hat auch eine Seele. Diese soll er nähren vor allem durch Gottes Wort.

Bei der zweiten Versuchung geht es um die grosse Schau vor den Menschen. Jesus soll von der Zinne des Tempels springen, ohne Absicherung, ohne Fallschirm. Er soll der Welt zeigen, dass er der Sohn Gottes ist. Wie bei Adam soll Jesus seine Grenze als Mensch verleugnen. Jesus aber widersteht dieser Versuchung. Er will sein Getragen sein von Gott nicht missbrauchen für ein Schauwunder.

In der dritten Versuchung geht es um das Ganze: um die Anbetung Gottes. Es geht um die Frage, wem der Mensch sein Leben anvertrauen kann und soll. Es geht um die Frage, von wem der Mensch Lebensfülle und letzten Trost erwarten kann und soll. Nur Gott sollen wir anbeten. Kein anderer ist Gott als er. Ihm allein gehören. Nur ihn anbeten, keinen sonst! Jesus will ganz zu seinem Vater gehören und seinen Auftrag erfüllen.

Allein Gott anbeten - keinen neben ihm

Es ist bedeutsam, dass die Versuchung am Anfang des öffentlichen Wirkens Jesu steht. Der Teufel aber will, dass Jesus seiner Sendung untreu wird. Er will ihn von seinem Weg abbringen. Jesus aber widersteht dieser Versuchung mit aller Kraft.

Unsere Versuchbarkeit

Die gleiche Taktik hat der Versucher auch heute noch. Er will uns Menschen davon abbringen, das zu tun, was Gott von uns will. Wir können umgarnt und betrogen werden mit allen möglichen Versprechen. Die eigentliche Versuchung im Leben ist, Gott untreu zu werden und sich selber in den Mittelpunkt zu stellen.

Wer ist der Versucher?

Aber wer ist denn der Versucher? Ist das eine Person? Oder einfach die dunkle Macht vom Bösen? Darüber werden die Theologen wohl zu allen Zeiten streiten. Aber eines ist ganz sicher: Der Versucher will uns verwirren, entzweien, uns von Gott abspenstig machen und auch Gift in jede Gemeinschaft säen. Im Griechischen heisst „Teufel" = Diabolos. Das bedeutet: der Durcheinanderwerfer, der Entzweier, der Zerreisser, der Zerstreuer. Wir kennen das Wort „diabolisch". Das Diabolische ist die Zerstörung einer Beziehung - die Zerstörung der Beziehung zwischen Gott und den Menschen. Der Teufel ist auch der grosse Lügner. Im heutigen Evangelium behauptet der Teufel, die ganze Welt gehöre ihm. Es ist gut, sich gegen diesen Lügner und diesen Lebenszerstörer, gegen diesen Zerstörer des Lebensglücks zur Wehr setzen.

Erneuerung unserer Taufe - ganz zu Gott gehören

Die Fastenzeit lädt uns jetzt ein, uns neu und tiefer auf Gott einzulassen und unser Leben auf ihn auszurichten. In dieser Zeit sind wir in besonderer Weise aufgerufen, in uns die Taufgnade wieder neu lebendig werden zu lassen. Getauft sein heisst: ganz zu Gott zu gehören. Wer ganz zu Gott gehört und gehören will, wird auch die rechte Beziehung finden zu den Mitmenschen und zu sich selber.

2. Fastensonntag (A)

Die Verklärungsszene und ihre Bedeutung für unser Leben

In jedem Pilger, der auf einer Pilgerreise den Berg Tabor besteigt, hinterlässt der Berg der Verklärung einen unvergesslichen Eindruck. 4340 Stufen führen zum Gipfel empor. Ich durfte das schon ein paar Mal erleben. Majestätisch erhebt sich der Berg Tabor aus der Ebene und steht da wie ein Altar, der von Gott selbst errichtet ist.

Es überrascht nicht, dass Petrus bei der Verklärung Jesu, die ihn sehr beeindruckt, voll Begeisterung ausruft: "Meister, es ist gut, dass wir hier sind. Wir wollen drei Hütten bauen". Petrus möchte dieses glückliche Ereignis festhalten. Die Szene auf dem Berg ist für ihn wirklich ein glücklicher Augenblick. Hier ist gleichsam der Himmel auf Erden. Dieses Glück und diese Erfahrung will Petrus festhalten. Darum möchte er sich hier einrichten und drei Hütten bauen.
In diesem Wunsch des Petrus erkennen wir ein Stück unserer eigenen Lebens-Sehnsucht. Auch wir möchten die glücklichen Momente im Leben festhalten. Denn wir leben von guten Erfahrungen, von guten Augenblicken - in der Freundschaft, in der Ehe, in der Liebe, im Beruf und hoffentlich auch im Glauben. Wie verständlich, dass wir wie Petrus solche glückliche Ereignisse auf dem "Berg Tabor unseres Lebens" verlängern möchten: "So ein Tag, so wunderschön wie heute, so ein Tag, der dürfte nie vergehn". Das ist nicht nur der Wunsch am Ende eines gelungenen Festes. Das ist auch unser tiefer Wunsch, wenn uns das Glück begegnet.

Doch die Erfahrung hat uns gelehrt: Es gibt hier im Leben kein andauerndes Glück. Nach jeder Hochstimmung kommt wieder der Alltag und damit oft auch die Enttäuschung, das Leid, Kummer und Sorgen.

Es ist bedeutsam zu wissen, dass die Verklärung kurz vor dem Leiden und Sterben Jesu geschieht. Jesus nimmt die drei Apostel auf den Berg mit, um ihnen etwas zu zeigen und dadurch etwas zu sagen. Es ist Jesus bewusst, dass er leiden muss und getötet wird: Das werden für ihn bitterste Stunden sein. Aber das wird nicht das Ende sein.

Von seinem Leiden und seinem Tod werden auch seine Jünger betroffen sein. Darauf möchte er sie vorbereiten. Er will ihnen zeigen, dass das Leiden und der Tod für ihn eine kurze Phase in seinem Leben ist. Das Ziel ist die Auferstehung. Die Auferstehung sollen sie nicht aus den Augen verlieren, gerade auch dann nicht, wenn sie Jesus schrecklich am Kreuz leiden sehen und sie vom Leiden mit betroffen sind. Gerade dann sollen sie an die Verklärung Jesu denken, die wie ein Vorausleuchten von Ostern her ist.

Das gilt zeichenhaft auch für uns. Auch in unserem Leben scheint nicht immer die Sonne. Manchmal ziehen auch in unserem Leben düstere Wolken auf, Auch wir werden konfrontiert mit Leiden, Schmerz und Tod. Dann ist es gut, wenn wir uns an Taborstunden erinnern und glauben können, dass Leid und Schmerz nicht das Letzte in unserem Leben ist.

Die Apostel konnten nicht auf dem Berg Tabor bleiben; sie sind wieder in die Niederungen dieses Lebens herabgestiegen. Aber jetzt konnten sie alles aus einer anderen Perspektive sehen - aus der Perspektive von Ostern.

Auch wir dürfen das Leben - gerade auch die schwierigsten Momente unseres Lebens - aus der Perspektive von Ostern sehen. Die Worte Jesu an die Apostel im heutigen Evangelium sind auch zu uns gesprochen: „Habt keine Angst!". Jesus bleibt uns nahe - auch in den bittersten Stunden unseres Lebens. Vielleicht kennt Ihr die treffende Geschichte „Spuren im

Sand". Sie ist so tiefsinnig, dass man sie auch ein zweites oder drittes Mal anhören kann.

> Eines Nachts hatte ein Mann einen Traum: Er träumte, er würde mit Christus am Strand entlang spazieren. Vor dem dunklen Nachthimmel erstrahlten, Streiflichtern gleich, Bilder aus seinem Leben. In jeder Szene bemerkte er zwei Paar Fussabdrücke im Sand. Die eine Fussspur war von ihm, die andere vom Herrn. Als das letzte Bild an seinen Augen vorübergezogen war, blickte er zurück. Er erschrak, als er entdeckte, dass an vielen Stellen seines Lebensweges nur e i n e Spur zu sehen war. Und das waren gerade die schwersten Zeiten seines Lebens.
>
> Besorgt fragte er den Herrn: "Herr, als ich anfing, dir nachzufolgen, da hast du mir versprochen, auf allen Wegen bei mir zu sein. Aber jetzt entdecke ich, dass in den schwersten Zeiten meines Lebens nur e i n e Spur im Sand zu sehen ist. Warum hast du mich allein gelassen, als ich dich am meisten brauchte?"
>
> Da antwortete der Herr: "Mein lieber, lieber Freund, ich liebe dich so sehr und werde dich nie allein lassen, erst recht nicht in den Nöten und Schwierigkeiten deines Lebens. Während der Zeiten, wo es dir am schlechtesten ging, wo du auf die Probe gestellt wurdest und gelitten hast - dort, wo du nur e i n Paar Fussabdrücke siehst - das waren die Zeiten, da ich dich getragen habe."

Liebe Mitchristen. Jesus trägt uns durch alle Zeiten unseres Lebens. Er verlässt uns nie. Durch so manche Bedrängnis und manches Leiden führt und trägt uns Christus bis hin zur Osterfreude - bis zur ewigen Verklärung im Himmel.

3. Fastensonntag

Sehnsucht nach einem erfüllten Leben

Tief in uns allen: die Sehnsucht

In uns allen lebt eine tiefe Sehnsucht. Sie regt sich im Kind, das nicht erwarten kann, bis es endlich wieder seinen nächsten Geburtstag feiern kann. Sie regt sich im Fernweh eines Jugendlichen: Auf, hinaus in die weite Welt. Die Sehnsucht meldet sich im Verlangen nach Verwirklichung im Beruf und nach gesellschaftlicher Anerkennung. Die Sehnsucht ist besonders lebendig und stark im Verlangen nach einem guten Lebenspartner und Freund, der uns versteht und an unser Herz rührt.

Unendlich vielfältig sind die Weisen menschlicher Sehnsucht. „Wir werden mit einem unheilbaren Durst geboren", sagt ein Weiser (Ernesto Cardenal). Horchen wir doch einmal in uns selbst hinein, welche Sehnsüchte sich in uns melden. Die Sehnsucht ist eine wichtige Triebfeder im Leben.

Die Sehnsucht der Samariterin

Etwas von der menschlichen Lebenssehnsucht kommt auch zur Sprache bei der Samariterin im heutigen Evangelium (Joh 4,5-52). Aber das wird erst nach und nach sichtbar und greifbar. Zunächst treffen wir sie bei etwas ganz Gewöhnlichen an: bei ihrem Gang zum Brunnen, beim Wasserschöpfen. Ein mühsames, alltägliches Geschäft vor allem für die Frauen im wasserarmen Orient.

Am Jakobsbrunnen kommt es zur Begegnung Jesu mit der Frau aus Samaria. Das ist schon recht ungewöhnlich: der Jude Jesus und die Samariterin im Gespräch. Da fallen Grenzen. Denn die frommen Juden stehen den Samaritern feindlich gegenüber. Und mehr noch: Er, der Mann, bittet sie, die Frau, um Hilfe gegen seinen Durst. Gerade so - und durch manche Missverständnisse hindurch, führt er die Frau dazu, über ihren eigenen Durst zu sprechen, der sich in der vergeblichen Suche nach Erfüllung zeigt, im Leben mit den verschiedenen Männern. Ihre Lebenssehnsucht wurde nicht erfüllt.

Jesus Christus, der allen Lebensdurst zu stillen vermag

Aber jetzt ist der Boden bereitet für das, was Jesus ihr sagen und schenken möchte: Hier bei mir findest du das wahre Wasser des Lebens. Ich bin die Gabe Gottes, der all dein Sehnen und Dürsten stillen kann. In mir ist die Kraft Gottes am Werk. Wer mich gefunden hat, der muss nicht nach weiteren Meistern und Lehrern des Lebens suchen. In mir ist die Liebe und Zuwendung Gottes lebendig, die allen ohne Ausnahme gilt. Wer sich an mich hält, der empfängt wahre Geborgenheit in meiner Liebe, seine Sehnsucht nach Leben wird gestillt.

Wie können wir zu IHM, dem Wasser des Lebens finden?

Für uns bleibt die wichtige Frage: Wie können wir zu IHM, Christus, dem Wasser des Lebens finden? Es braucht zunächst die Erkenntnis, dass es auch in mir den Durst nach Leben gibt. Das ist ein tieferer Durst als meine momentanen, kleinen Alltagssehnsüchte. Dann braucht es in mir vor allem die Offenheit, auf Jesus zuzugehen, mich auf Jesus einzulassen - im Wissen darum, dass Jesus schon längst auf mich gewartet und mich mir zugewendet hat.

Ja, es braucht die Besinnung darauf, dass mir die Zuwendung Jesu schon seit meiner Taufe geschenkt ist, als ich zum ersten Mal mit seinem Wasser des Lebens in Berührung kam.

Es ist wichtig, dass ich IHM, Jesus Christus, mein ganzes Leben hinhalte, mit all seinen trockenen und dürren Stellen, vor allem mit meinen unerfüllten Sehnsüchten.

Und es braucht vielleicht auch solche „Brunnengespräche“ in unseren Pfarreien oder auch in unseren Familien, wo wir auf unseren Durst nach

Leben eingehen, wo wir uns gegenseitig im Gespräch Mut machen, zu uns selbst zu stehen und zu unserem Suchen und Fragen.

Durch all das hindurch kann Jesus mich erreichen, mich berühren, mich heilen und mich verwandeln. Und was der Frau am Jakobsbrunnen geschenkt wurde, das kann auch an mir geschehen: dass ich erkenne, das Jesus der Messias ist, mein Erlöser und Retter.

Die Begegnung mit Jesus, das Kosten von seinem Wasser des Lebens, das macht auch uns zu Boten seiner Frohbotschaft. Die Frau von Samaria jedenfalls wurde zur Freudenbotin. Das wird dann auch unser Auftrag und unsere Sendung sein: Lebensmut, Lebensfreude und Hoffnung weiterschenken. Wir können dann nicht anders, als dieses Wasser des Lebens mit anderen teilen.

Liebe Mitglaubende! Das heutige Evangelium ist eine lebendige Einladung Gottes an uns, zur Quelle des Lebens hinzuzutreten. Nicht zum Brunnen beim Dorf der Samariter, sondern zu Jesus Christus, in dem uns die Liebe und Nähe unseres Gottes entgegensprudelt.

4. Fastensonntag

Das Gleichnis vom barmherzigen Vater

„Totgesagte leben länger". Im Sinne des heutigen Evangeliums (LK 15,1-3.11-32) müsste man dieses Sprichwort so abwandeln: „Totgesagte leben wieder". Tatsächlich findet hier in den Augen des Vaters in diesem Gleichnis die Auferstehung des verlorenen Sohnes statt. Zweimal spricht er es im Evangelium aus: einmal gegenüber seinem jüngeren, einmal gegenüber seinem älteren Sohn: „Dein Bruder war tot und lebt wieder". Klingt das nicht schon vor Ostern wie die Osterbotschaft?

Der „soziale“ Tod des jüngeren Sohnes

Auch wenn der jüngere, vom rechten Weg abgekommene Sohn nicht tatsächlich in der Fremde gestorben ist, so war er doch im biblischen Sinne für seine Familie, ja sogar für sich selbst gestorben. Er war „mitten im Leben vom Tod umfangen“, wie es in einem Lied heisst. Das ist nicht nur bildlich gemeint, sondern zeigt, dass ohne soziale Bindungen, ohne Familie, Freunde und jeden menschlichen Beistand der Tod jeden Menschen schon mitten in seinem Leben treffen kann. Der Tod ist dann das Ende jeglicher Beziehung - die völlige Einsamkeit.

Genau so aber ergeht es dem jüngeren Sohn. Er trennt sich von seinem Vater und seiner ganzen Familie. Er gerät durch seinen „Alleingang“ in genau diesen Zustand der völligen Verlassenheit. Er hat nur noch eine ganz kleine Hoffnung: seinem Vater seine Schuld einzugestehen und als niedrigster Knecht für das tägliche Brot zu schaffen.

Die Auferstehung des verlorenen Sohnes

Der Vater jedoch hat etwas ganz anderes im Sinn, als er den totgesagten Sohn wieder sieht: Er will all das wieder „neu erschaffen“, was der Sohn durch seine eigene Schuld zerstört hatte. Das beste Kleid, der Ring, die guten Schuhe und das Fest sind nicht nur Zeichen seiner Freude über die Rückkehr seines Sohnes. Es sind die Zeichen, dass er ihn als seinen Sohn bestätigt, voll und ganz annimmt und ihn in seiner Würde wieder herstellt. Der Sohn hat sich nie so etwas träumen lassen. Er dachte, dass er sich damit zufrieden geben muss, als ein einfacher Taglöhner bei seinem Vater arbeiten zu dürfen.

Die Botschaft vom guten und barmherzigen Vater

Welche Botschaft will uns Jesus mit diesem wunderbaren Gleichnis vermitteln? Dieses Gleichnis offenbart uns die grenzenlose Liebe Gottes, unseres himmlischen Vaters. So wird dieses „Gleichnis vom verlorenen Sohn“ noch besser überschrieben mit „Gleichnis vom barmherzigen und liebenden Vater“.

Bei diesem Gleichnis kommt eine wunderbare Eigenschaft von Gott zum Ausdruck: Er nagelt den Menschen nicht auf seine Vergangenheit fest, die vielleicht sehr unrühmlich sein kann. Er ist bereit, ohne „Wenn und Aber“ uns alle Sünden zu vergeben, wenn wir zu ihm umkehren. Im Meer seiner göttlichen Barmherzigkeit werden alle Sünden der Menschen, die wirklich und ehrlich zu Gott zurückkehren, ausgelöscht.

Jesus selber lebt die barmherzige Liebe seines Vaters

Jesus ist gekommen, uns die Liebe des Vaters nicht nur zu offenbaren, sondern diese Liebe in seinem Leben und Wirken den Menschen auch erfahrbar zu machen. Mit diesem Gleichnis rechtfertigt Jesus so auch seine Sorge um die Sünder, die sich durch eigene Schuld ins Unglück gestürzt haben. Ihnen will er zu Hilfe kommen und sie wieder zurück in die Liebe seines Vaters führen. Gott und Jesus ist bereit, uns alles zu verzeihen, wenn wir zu ihm umkehren und auch bereit sind, den anderen zu verzeihen.

Der „verlorene“ ältere Sohn

Das Gleichnis hat noch einen zweiten Teil - gleichsam noch einen zweiten Gipfel. Hier wird plötzlich der ältere Sohn zum verlorenen Sohn, weil er nicht bereit ist, seinem Bruder zu verzeihen. Er ist nicht bereit, an der Freude des Vaters über die Heimkehr seines Sohnes teilzunehmen.

Er will nicht, dass sein Vater zum verlorenen und wiedergefundenen Sohn gut ist und ihm seine Fehler und Dummheiten vergibt. Durch dieses „Nicht-Verzeihen-Wollen“ schliesst der ältere Sohn sich selber von der Liebe des Vaters und vom Fest aus. Dabei hätte er sich doch mitfreuen können, dass er - wie der Vater seinen Sohn - seinen Bruder zurückerhalten hat.

Liebe Gläubige! Nehmen wir die zweifache Botschaft des heutigen Evangeliums mit in unser Leben:

1. Glauben wir: Gott ist ein unendlich gütiger und barmherziger Vater. Er vergibt uns und nimmt uns mit Freude auf, wenn wir zu ihm umkehren.

2. Seien wir auch bereit, unseren Mitmenschen zu vergeben. Geben wir unseren Mitmenschen immer wieder eine neue Chance - wie Gott es tut.

Als der grosse Schriftsteller Dostojewski im Sterben lag, liess er sich das heutige Evangelium vom guten Vater vorlesen. Dann sagte er zu den Umstehenden: „Habt unbegrenztes Vertrauen auf Gott, und zweifelt nie an seiner Barmherzigkeit".
Lassen wir dieses Wort auch uns ganz persönlich sagen: „Habt unbegrenztes Vertrauen auf Gott, und zweifelt nie an seiner Barmherzigkeit!"

5. Fastensonntag

Jesus - unsere Auferstehung und unser Leben

Eine eindrückliche Geschichte – diese Erzählung von der Auferweckung des Lazarus (Joh 11,1-45). Könnte ein solches Wunder doch auch heutzutage wieder geschehen – wenn eine Mutter von 6 kleinen Kindern weg stirbt, wenn ein Jugendlicher tödlich verunglückt, wenn Zehntausende von Menschen durch eine Naturkatastrophe das Leben verlieren!

Auferweckung - gibt es das?

Zunächst gibt uns das heutige Evangelium viele Fragen auf. Eine dieser Fragen lautet: Ist wirklich alles so geschehen? Hat Jesus Lazarus wirklich vom Tod auferweckt? Oder ist die Auferweckung nur symbolisch zu verstehen? Oder war Lazarus vielleicht nur scheintot? Dem widerspricht aber der Bibeltext. Die Auferweckung des Lazarus ist keine medizinisch erklärbare Wiederbelebungsmassnahme, keine Erweckung eines Scheintoten. Nein, Lazarus war wirklich tot. Daran kann es keinen Zweifel geben. Das unterstreicht auch die Reaktion der Martha, die alle Hoffnung aufgegeben hat: „Herr, er riecht schon, denn es ist bereits der vierte Tag".

Gott schafft und erhält das Leben

Hat also Jesus Lazarus wirklich vom Tod auferweckt? Widerspricht das nicht den Gesetzen der Natur? Unsere Antwort aus dem Glauben lautet: Bei Gott ist kein Ding unmöglich. Wenn Gott die Welt und alles Leben erschaffen hat, kann er nicht auch jemanden aus dem Tod ins Leben zurückrufen? Gott ist Herr über Leben und Tod. Dafür steht auch Christus, Gottes Sohn. Gott kann Leben schenken, auch wo menschlich gesehen alles hoffnungslos ist. Gott kann das Tote lebendig machen. Gottes Macht ist stärker als der Tod. Dafür steht die Erzählung von der Auferweckung des Lazarus.

Ins irdische Leben zurückgerufen -
eine neue Chance, für andere da zu sein

Aber damit sind noch nicht alle Fragen beantwortet. Lazarus wurde vom Tod ins irdische Leben zurückgerufen. Hat ihm Jesus damit einen wirklichen Dienst erwiesen? So steht ihm ja nochmals der ganze Prozess des Sterbens bevor - und damit vielleicht auch Krankheit und Schmerzen. Lazarus hätte es jetzt überstanden gehabt - das irdische Leben, das oft viel Mühsal und Sorgen und Kummer mit sich bringt. Aber Lazarus steht offenbar noch eine wichtige Aufgabe bevor: für seine beiden Schwestern Maria und Martha eine wichtige Stütze zu sein.

Von vielen Heiligen wissen wir, dass sie sich gesehnt haben, sterben zu dürfen und so in Gottes Herrlichkeit einzutreten. Aber weil das Volk sie noch brauchte, waren sie bereit, die Mühen der Arbeit weiterhin bereitwillig auf sich zu nehmen und zum Wohl des Volkes zu wirken. So dürfen wir es auch hier verstehen: Jesus hat den beiden Schwestern Maria und Martha ihren Bruder Lazarus zurückgeschenkt, damit er weiterhin für sie sorgen konnte.

Christus - unser Leben und unsere Auferstehung

Aber damit ist das Entscheidende zum heutigen Evangelium noch nicht gesagt. Die Hauptaussage des heutigen Evangeliums liegt in der Selbstoffenbarung Jesu: „**Ich bin die Auferstehung und das Leben. Wer an mich glaubt, wird leben, auch wenn er stirbt…“.** Jesus will damit sagen, dass wir das wahre Leben in der Gemeinschaft mit ihm gewinnen - jetzt im irdischen Leben und auch jenseits der Todesgrenze. Durch den Glauben treten wir in eine innige Verbindung mit Jesus. Daher die Frage Jesu an Martha: „Glaubst du das?“ Und sie legt ihr schönstes Christus-Bekenntnis ab: „Ja, Herr, ich glaube, dass du der Messias bist, der Sohn Gottes, der in die Welt kommen soll“.

Glauben - mit Jesus leben

Glauben heisst hier: Jesus vertrauen, ihn tiefer in sein Leben einlassen, sich ihm übergeben, ihm zutrauen, dass er das Tote lebendig macht, dass er alles zum Besten wendet.

Wir haben dann das heutige Evangelium am besten verstanden, wenn es uns in eine neue und tiefere Beziehung zu Jesus führt - so dass wir mit

Paulus bekennen können: „Leben ist für mich Christus“ (Phil 1,21). In IHM finden wir den Sinn und das Ziel unseres Lebens. In IHM erfahren wir Leben und Auferstehung - jeden Tag neu. Das ewige Leben hat für uns schon begonnen, wenn wir Christus annehmen als unser Leben.

Aus dem heutigen Evangelium ergeben sich für uns zwei wichtige Aufträge:

1. Den Glauben an Jesus bezeugen

Wie Martha sind wir jetzt berufen, Jesus als Messias auch vor anderen zu bezeugen; den Menschen sagen, was uns Jesus bedeutet. Die Menschen einladen, sich ganz auf Jesus einzulassen. Immer mehr Menschen sollen erkennen, dass das Leben durch Jesus einen ganz neuen und tieferen Sinn erhält. Der Glaube an Jesus wird normalerweise durch Glaubende weitergegeben. Unser Glaube an Jesus und unsere Freude an Jesus soll ansteckend sein.

2. Anderen zum Leben verhelfen

Wir sind berufen, mitzuhelfen, dass andere Menschen aufstehen können, dass sie auferstehen können zu einem Leben in Würde und Gerechtigkeit. An den kommenden Sonntagen werden wir im Fastenopfer aufgefordert zu solidarischem Teilen. Das ist konkretes Aufbegehren gegen den Tod, wo Menschen vor Hunger sterben. Aufbegehren gegen den Tod, wo Menschen frühzeitig und vorzeitig sterben, weil ihnen medizinische Hilfe fehlt. Wo wir teilen, da dienen wir dem Leben. Da erfahren Menschen auch durch uns ein Stück Auferstehung. So konkret und praktisch wird plötzlich das heutige Evangelium. Schauen wir in allem auf Jesus, der gekommen ist, dass die Menschen das Leben haben - Leben in Fülle.

Hoher Donnerstag

„Tut dies zu meinem Gedächtnis“

Liebe Mädchen und Buben, liebe Eltern, liebe Gläubige!

Ihr wisst wohl alle, was ein Andenken ist. Ein Andenken ist immer ein Erinnerungszeichen. Andenken kommt von „dra dänke“. Ein Andenken kann ein Foto sein, ein Gegenstand, ein Geschenk, das uns ein lieber Mensch gegeben hat, ein Brief, und noch vieles mehr. Wenn wir ein Andenken anschauen, denken wir fast automatisch an jene Person, die uns das Andenken geschenkt hat. Wir denken vor allem an die Liebe, welche die betreffende Person zu uns hat.

Tut dies zu meinem Andenken – indem ihr Eucharistie feiert!

Ein besonderes Zeichen seiner Liebe – ein bleibendes Andenken - hat uns Jesus geschenkt: im letzten Abendmahl. Zusammen mit seinen Jüngern hat Jesus vor seinem Leiden und Sterben mit seinen Jüngern das wunderbare Mahl gefeiert. (Wir haben in der Lesung davon gehört). Als Zeichen seiner Liebe hat Jesus den Aposteln sich selber geschenkt: in Brot und Wein. Und am Schluss dieses wunderbaren Mahles hat Jesus ihnen gesagt: „Tut dies zu meinem Gedächtnis!“

Nicht nur: Denkt an mich! Sondern: „Tut dies zu meinem Andenken!“ Was wir heute Abend feiern, tun wir ganz im Andenken an Jesus. Und wir wollen aus tiefstem Herzen glauben: Jesus ist da – mitten unter uns. Er schenkt sich auch uns. Mehr kann er nicht geben als sich selber. In der Feier der heiligen Messe bleibt Christus uns lebendig nahe.

„Tut dies zu meinem Gedächtnis – Tut dies zu meinem Andenken!“ Die Kirche hat diesen Auftrag Jesu ernstgenommen. Sonntag für Sonntag lädt sie die Gläubigen ein, im Andenken an Jesus dieses Mahl zu feiern. Die Kirche macht das in Treue zu Jesus; denn Jesus selber hat der Kirche aufgetragen, dieses heilige Mahl zu feiern.

Vergessen wir nie: Eucharistie, Gottesdienst ist in erster Linie und vor allem Dienst Gottes an uns. Gott will uns beschenken mit seiner Liebe. Wenn wir immer wieder die heilige Messe dankbar feiern, halten wir das Andenken an Jesus und seine Liebe lebendig. Dann erfüllt sich, was wir im Lied gesungen haben: „damit ihr nie vergesset, was meine Liebe tut“

Tut dies zu meinem Andenken – indem ihr einander dient.

Beim letzten Abendmahl aber hat Jesus nicht nur sich selber geschenkt in Brot und Wein; er hat uns auch ein Beispiel des Dienens gegeben: in der Fusswaschung. Das haben wir im Evangelium gehört. Jesus wäscht dem Petrus und den anderen Jüngern die Füsse. Das ist ein Dienst, den sonst nur die niedrigsten Sklaven getan haben.

„Begreift ihr, was ich an euch getan habe?“ fragt Jesus seine Jünger. „Ich habe euch ein Beispiel gegeben, damit auch ihr so handelt, wie ich an euch gehandelt habe“. Gerade auch hier gilt: „Tut dies zu meinem Gedächtnis – tut dies zu meinem Andenken“. Wir haben dann Jesus richtig verstanden, wenn wir einander dienen: jedes an dem Platz, wo es steht: in der Familie, in der Schule, am Arbeitsplatz und auch in der Pfarrei. „Tut“, sagt Jesus. Wenn wir das tun, was Jesus getan und vorgelebt hat, dann denken wir richtig an Jesus, dann bleibt sein Andenken unter uns lebendig.

Da geht uns wohl allen ein Licht auf: Wir dürfen nie Gottesdienst und Menschendienst voneinander trennen. Beides gehört untrennbar zusammen. Im Gottesdienst nähren wir uns von der Liebe Jesu, damit wir Kraft erhalten, füreinander da zu sein.

„Tut dies zu meinem Gedächtnis – Tut dies zu meinem Andenken“, das heisst darum immer ein Zweifaches:

1. Feiert immer wieder das eucharistische Mahl mit Jesus, damit ihr nie vergesst, dass ihr alle aus der Liebe Jesu leben dürft.

2. „Tut dies zu meinen Andenken“: das heisst zugleich: Dient einander, wie es Jesus vorgelebt hat.

In beidem, in der Eucharistie und in der Fusswaschung, hat Jesus uns ein bleibendes Andenken seiner Liebe hinterlassen. Wenn wir in unserem Leben beides miteinander verbinden, **„Eucharistie feiern + einander dienen“**, dann bleibt das Andenken an Jesus unter uns lebendig, ja noch mehr: Er selber ist in unserem Feiern und in unserem Leben und Handeln gegenwärtig und lebendig da.

Karfreitag (A)

Durchkreuzte Hoffnungen zum Kreuz bringen

Wir alle machen manchmal die Erfahrung: Es kommt ganz anders, als wir gehofft haben. So viele Hoffnungen mussten schon begraben werden.

Durchkreuzte Hoffnungen bei uns: z.B.

- Die Hoffnung begraben, wieder ganz gesund zu werden – nach mehreren Operationen
- Die Hoffnung begraben auf eine neue Arbeit – nach Dutzenden von Absagen
- Die Hoffnung begraben, die Ehe könnte doch noch gerettet werden – nach immer neuen Enttäuschungen
- Die Hoffnung begraben, doch noch ein Kind zu bekommen – nach so vielen Untersuchungen, Therapien, vielleicht gar Fehlgeburten
- Die Hoffnung begraben auf Frieden – in der Familie, am Arbeitsplatz, in der Welt.

Durchkreuzte Hoffnungen sind Boten der Sterblichkeit, Wegweiser, die nur in eine Richtung zeigen: zum Tod.

Durchkreuzte Hoffnungen bei den Jüngern Jesu

Dass ihre Hoffnungen durchkreuzt werden, erfahren auch die Jünger Jesu. Die einen hatten auf einen mächtigen Messias gehofft, der das Volk Israel endlich von der Fremdherrschaft der Römer befreien würde. Die andern hatten gehofft, durch Jesus zu Ehre, Macht und Ansehen zu gelangen. Ihre Hoffnungen wurden nicht erfüllt; sie wurden buchstäblich durch das Geschehen auf Golgotha durchkreuzt.

Wie gehen Jesu Jünger damit um?

Die Jünger Jesu gehen mit diesen enttäuschten Hoffnungen unterschiedlich um: Judas etwa versucht für sich noch das Beste herauszuholen. 30 Silberlinge sind sein Lohn, mit dem er aber nicht glücklich wird.

Petrus versucht mit Gewalt, mit dem Schwert, das Schlimmste, die Festnahme Jesu, zu verhindern. Jesus aber verbietet ihm die Gewalt.

Andere schliesslich bringen sich in Sicherheit aus Angst, dass die Soldaten nicht nur Jesus festnehmen, sondern auch sie - die Jünger. Und jetzt wollen sie nur noch eines: Fort! Fort von Jerusalem, dem Ort ihrer durchkreuzten Hoffnungen.

Von zwei anderen aber berichtet der Evangelist, dass sie nicht davonlaufen, sondern unter dem Kreuz aushalten: Maria und Johannes. Beide machen unter dem Kreuz eine neue tiefgehende Erfahrung, dass sie jetzt einander anvertraut sind. Unter dem Kreuz entsteht eine tiefe Gemeinschaft – der sterbende Jesus stiftet diese Gemeinschaft.

... und wir?

Finden wir aus unseren enttäuschten Hoffnungen einen Ausweg? Wenn wir unter dem Kreuz aushalten, den Glauben an den Gekreuzigten bewahren, dann können wir vielleicht wie Maria und Johannes erfahren, dass uns Neues und Tieferes verbindet. Hier und heute im Gottesdienst kann es anfangen. Wir dürfen unsere Enttäuschungen, unsere durchkreuzten Hoffnungen zum Kreuz bringen – jetzt dann bei der Kreuzverehrung und immer wieder aufs Neue.

Gemeinschaft unter dem Kreuz mit neuer Hoffnung

Im Kreuz ist Gott uns nahe. Im Kreuz schenkt Gott uns neue Hoffnung, tiefe Gemeinschaft

- mit sich, der seinen Sohn hingibt – aus Liebe;
- mit Jesus, der den Willen seines Vaters annimmt - voller Vertrauen
- mit allen, die versuchen, unter dem Kreuz auszuharren.

Wenn wir miteinander unter dem Kreuz ausharren, dann kann neue Hoffnung wachsen: nämlich die Hoffnung, dass im Kreuz Jesu uns - durch alle gekreuzigten Hoffnungen hindurch - das wahre Leben geschenkt wird.

Karfreitag (B)

Das Kreuz –

als Zeichen des Todes und des Lebens

Karfreitag: Tag des Kreuzes. Karfreitag: Tag der Qualen und der Schmerzen und zugleich Tag der Hoffnung. Karfreitag: Tag der tiefsten Verlassenheit und Erniedrigung und zugleich der Tag des Sieges. Karfreitag: Tag des bitteren Endes und der Trauer und zugleich Tag des Neubeginns. Diese Wirklichkeit voller Gegensätze wird uns vor Augen gestellt im Zeichen des Kreuzes, in der Gestalt des Gekreuzigten. Daher steht im Mittelpunkt dieser heiligen Feier das Kreuz Jesu. „Wir beten dich an, Herr Jesus Christus, und preisen dich, denn durch dein heiliges Kreuz hast du die ganze Welt erlöst".

Das Kreuz – Zeichen des Leidens und des Todes

Das Kreuz ist zunächst Zeichen des Leidens und des Todes. Christus hat das Leiden und das Kreuz nicht gesucht. Er hat auch nie das Leiden und das Kreuz der Menschen verherrlicht. Im Gegenteil. Er hat gegen das Leiden und das Kreuz der Menschen gekämpft, Leiden gemildert, den Leidenden geholfen. Dabei musste er allerdings auch erfahren: Wer gegen das Leiden kämpft, dem bleibt das Leiden nicht erspart. Wer sich für die Wahrheit einsetzt, muss auf Widerstand gefasst sein. Dies hat Jesus erfahren bis zum bitteren Tod am Kreuz. Aber lieber geht er ans Kreuz, als die Liebe zu verraten und die Liebe aufzugeben. Er hält die Liebe durch gerade auch im Leiden. Nun ist ihm – ausser der Sünde – nichts Menschliches mehr fremd. Gerade so wird er solidarisch mit allen Leidenden, Gequälten, Geschundenen. Er leidet mit ihnen und ist durch ihr Leid mit betroffen. In ihren tiefsten Nöten und Ängsten ist er ihnen Bruder und Freund und ist ihnen ganz nahe. Woran sollten sich die Leidenden und Niedergedrückten halten und aufrichten können, wenn nicht an IHM?!

Das Kreuz – Zeichen der Erlösung und des Lebens

Und dies führt uns zu einem zweiten Gedanken, zu einer noch tieferen Wirklichkeit, die wir heute und immer wieder bedenken sollten: das Kreuz Jesu ist nicht nur Zeichen des Leidens und des Todes, sondern auch das Zeichen der Erlösung und des neuen Lebens. Das Kreuz Christi wird zum Kreuz der Hoffnung; der gefolterte Leib wird zum Leib, der neues Leben spendet; die klaffenden Wunden werden zum Quell der Vergebung, der

Heilung und Aussöhnung. „Durch seine Wunden seid ihr geheilt“, so heisst es im ersten Petrusbrief 1 Petr 2,24b). Durch das Kreuz Christi können alle Wunden heilen, die uns das Leben geschlagen hat. In Ihm haben wir die feste Zuversicht, dass unser Leben nicht vergeblich ist. Christus hält seine Arme weit offen, um uns alle an sich zu ziehen.

Diese doppelte Wirklichkeit von Sterben und Auferstehung zu neuem Leben deutet Jesus auch im Bild des Weizenkorns: „Wenn das Weizenkorn nicht in die Erde fällt und stirbt, bleibt es allein. Wenn es aber stirbt, bringt es reiche Frucht“. Mit diesem Bildwort deutet Jesus seine Hingabe am Kreuz und dann auch seine Auferstehung an. Unter diesem Geheimnis steht auch das Leben aller, die Christus nachfolgen.

Was das Kreuz Jesu für uns gläubige Christen und für unser Leben bedeutet, hat „Franziska Maria von der gekreuzigten Liebe“ in folgenden Worten treffend beschrieben:

> „Ihr könnt nie genug das Zeichen eurer Erlösung,
> das heilige Kreuz betrachtend in euer Herz aufnehmen.
> In ihm sollt ihr zeichenhaft die alles umfassende,
> alles überwindende Ordnung der Liebe Gottes sehen;
> Himmel und Erde sind darin verbunden,
> Gott und Schöpfung geeint.
> Das Kreuz ist Herzmitte allen Seins,
> ist Quellgrund allen Heils.
> Tragt das Kreuz in eurem Herzen.
> Es sei euer Zeichen auf Stirn, Mund und Herz,
> damit alles, was ihr tut, im Zeichen der Liebe geschehe,
> und so dem ewigen Liebeswillen Gottes eingeordnet
> und in ihm vollendet werde“.

Ostern (A)

Maria von Magdala - Zeugin der Auferstehung

Der Ostermorgen beginnt zunächst mit Tränen. Maria von Magdala steht vor dem Grab und weint. Maria weint – viermal steht's da. Nur gute und vor allem liebende Menschen haben Tränen.

Tränen – Grundwasser der Seele

„Tränen sind das Grundwasser der Seele", sagt ein Sprichwort. Tränen kommen aus der Tiefe – das übrigens auch bei grosser Freude. Menschen, die keine Tränen mehr kennen – weder bei Trauer noch bei Freude – sind vielleicht innerlich vertrocknet und darum auch innerlich nicht mehr ganz lebendig.

„Frau, warum weinst du?", fragen die Engel (Joh 20,13). Die Tränen haben ihren Grund. Maria hat Jesus verloren, und nun ist auch noch der Leichnam verschwunden. Jesus war ihr „Ein und Alles". Jetzt ist er tot für immer, denkt sie. Soll man da nicht weinen?

Viele von Ihnen können nachempfinden, was es heisst, wenn man sein Liebstes im Tod verliert – z.B. den Ehepartner, mit dem man eine gute Ehe geführt hat. Das geht an die Substanz. Oder wenn Eltern ein Kind im Tode verlieren, auf das man grosse Hoffnungen gesetzt hat. Das ist zum Weinen.

Hier in unserem Evangelium geht es noch mehr als um einen lieben Mitmenschen, nämlich um Jesus selber. Er ist der Grund der Tränen von Maria. Haben wir schon einmal geweint, dass wir Jesus verloren haben? Würde uns das so tief treffen? Wie tief geht unser Glaube und unsere Liebe zu ihm? Bis zum Grundwasser unserer Existenz? Jesus verlieren – mancher hier wird denken: Ich kann mir das nicht vorstellen. Und dann muss man es auf einmal bei seinen eigenen Kindern erleben. Jesus ist ihnen total entschwunden. Das kann Eltern und auch Seelsorgern das Herz fast zerreissen. Das ist zum Weinen.

Jesus nicht bei den Toten suchen

Maria sucht Jesus. Sie sucht den Leichnam im Grab. „Man hat meinen Herrn weggenommen, und ich weiss nicht, wohin man ihn gelegt hat“. Sie sucht Jesus in der Vergangenheit, bei den Toten. Aber dort ist er nicht zu finden. Maria ist so nach rückwärts gerichtet, dass sie nicht sieht, wie Jesus lebendig vor ihr steht. Bei allem guten Willen erkennt sie ihn nicht. Niemand findet Jesus, wenn er sich nicht von IHM finden lässt.

Beim Namen gerufen

Dann geschieht das Wunder, das alles verwandelt. „Maria“, sagt Jesus – dieses eine Wort, das von Herzen kommt und zu Herzen geht. Das ist alles. Keine Belehrung, keine feierliche Erklärung in Sachen Auferstehung, sondern ganz einfach: „Maria, du, dich kenne ich beim Namen“. Da gehen ihr die Augen auf. Sie ist gefunden von dem, den sie sucht. Und Maria antwortet gläubig: “Meister“. Das hebräische Original ist sogar ins griechische Evangelium aufgenommen: „Rabbuni“, sagt Maria. Im Wort „Rabbuni“ schwingt eine ganz tiefe Beziehung und Freundschaft und eine innig zärtliche Liebe zu Jesus mit. Man kann es gar nicht übersetzen. Von Christus beim Namen gerufen werden und in Liebe antworten – so entsteht Osterglaube: Begegnung mit dem Auferstandenen.

Auch uns kennt Jesus beim Namen. Er will uns ganz persönlich ansprechen. Er kennt uns. Er ruft uns beim Namen. Wir sind ihm und seiner Liebe nicht entschwunden.

Verkünderin des Unsagbaren

Die Begegnung mit dem Auferstandenen hat dann dem Leben von Maria eine totale Wende gegeben. Sie ist nicht mehr auf die Vergangenheit fixiert, sondern auf die Zukunft gerichtet: auf das Leben. Sie sucht nicht mehr den Leichnam Jesu, sondern lebt aus der Kraft des Auferstandenen.

Und als solche wird sie auf den Weg geschickt: „Geh zu meinen Brüdern, und sag ihnen..." (Vers 17). Und sie tut's. Sie macht sich auf den Weg und verkündet den Jüngern: „Ich habe den Herrn gesehen". So wird sie die erste Zeugin der Auferstehung: „Apostola apostolorum", sagen die Kirchenväter = die Apostolin der Apostel. Sie gehört nicht zu den zwölf Aposteln und ist doch die erste, welche die Osterbotschaft verkündet. Durch sie finden andere zum Glauben – zu Christus, der auferstanden ist und lebt.

Zum Leben mit dem Auferstandenen berufen

Liebe Gläubige! Als Christen sind wir alle berufen, Zeugen und Boten der Auferstehung und des Lebens zu sein. Die Tatsache, dass eine Frau als erste die Botschaft von der Auferstehung Christi bezeugt hat, ist eine Herausforderung für unsere Kirche heute, wenn es um die Rolle der Frauen in der Kirche geht.

Jedenfalls sind Männer und Frauen in gleicher Weise gesandt, die Botschaft der Auferstehung zu bezeugen und zu leben: in Beruf und Arbeit, in der Familie, in Politik und Wirtschaft, in Kirche und Welt.

Die Botschaft von der Auferstehung Christi ist das gewaltigste Ereignis der Weltgeschichte - wenn auch nur im Glauben nachvollziehbar. Aber Glaube ist mehr als alles verstandesmässige Wissen. Was Ostern für uns bedeutet, ist in einem Gebet der Osternacht treffend ausgedrückt: "Was alt ist, wird neu; was dunkel ist, wird licht; was tot war, steht auf zum Leben".

Ostern (B)

Die Botschaft von Ostern

Es war zur grossen Zeit der Gewerkschaft Solidarität in den 80er Jahren in Polen. Der deutsche Arbeitsminister Norbert Blüm stand mit dem Gewerkschaftsführer und späteren Staatspräsidenten Lech Walesa vor einer riesigen Menschenmenge und rief in die Mikrophone: „Karl Marx ist tot! Jesus lebt!“

Jesus, der gekreuzigt wurde, er ist auferstanden und lebt. Das feiern wir an Ostern. Aber was heisst das? Alle biblischen Osterberichte betonen, dass Jesus „leibhaftig“ auferstanden ist - aber jetzt in einer neuen Existenzweise für die Menschen da ist, dass er nicht mehr an Ort und Zeit gebunden ist. Wer das begreift, dem öffnen sich ungeahnte Perspektiven.

Wenn er auferstanden ist ...

- Wenn Jesus lebt, dann sind die Toten nicht unwiederbringlich tot, dann ist die Todesgrenze ein für alle Mal überschritten, und es gibt auch „auf der anderen Seite“ Leben.

- Wenn Jesus lebt, dann müssen sich die Grossen der Weltgeschichte nicht mehr als die Grössten aufspielen, weil es nur EINEN gibt, der alles in seinen Händen hat.

- Wenn Jesus lebt, dann gibt es letztlich keine trostlose Situation in unserem Leben. Denn es gilt das Versprechen und die Zusage Jesu, dass er alle Tage bei uns ist.

Aber ist denn Christus wirklich auferstanden? Wer kann das beweisen?

Das Zeugnis der Apostel

Der kräftigste Beweis für die Auferstehung Jesu ist nicht das leere Grab.
Es hätte viele Möglichkeiten gegeben, ein leeres Grab vorzutäuschen.
Die Wirklichkeit der Auferstehung Jesu wurde vor allem von denen

bezeugt, denen Jesus nach seiner Auferstehung begegnet ist und deren Leben dadurch eine radikale Umkehr erfuhr: Aus ängstlichen Fischern wurden kraftvolle Prediger des Evangeliums, die sogar vor dem Märtyrer-Tod nicht zurückgeschreckt sind. Unter ihrer Führung und durch das Zeugnis ihres Glaubens wuchsen blühende christliche Gemeinden heran. Dies alles — sind Zeichen für die Wahrheit und Wirklichkeit der Auferstehung Jesu. Wenn Jesus nicht auferstanden wäre, gäbe es kein Christentum, seine Botschaft wäre längst vergessen.

Österliche Erfahrungen in unserem Leben

Aber wie erfahren denn Menschen die Kraft der Auferstehung Jesu in ihrem persönlichen Leben? Nur ein paar behutsame Hinweise:

- Ein Ehepaar bekennt: Wir haben monatelang gelitten unter einer mühsamen Beziehung und unter innerer Entfremdung; und plötzlich haben sich die Wege wieder zueinander geöffnet. Eine österliche Erfahrung!

- Eine Frau ist untröstlich über den Unfalltod ihres geliebten Mannes. Plötzlich aber hat sie die innere Gewissheit: Mein Mann lebt. Er ist mir noch näher als zuvor. Eine österliche Erfahrung!

- Menschen, die vom Leben total enttäuscht sind und ihr Leben als gescheitert erleben, finden wieder neues Vertrauen ins Leben. Eine österliche Erfahrung!

- Ein schwerkranker Mensch, dem die Ärzte nur noch wenig Hoffnung geben, darf erleben, wie sich trotz allem seine körperlichen und seelischen Kräfte erneuern. Er erfährt die Genesung wie eine Auferstehung und das Leben als wunderbares Geschenk.

Darf man all dies und viele weitere Beispiele nicht als österliche Erfahrungen bezeichnen? Auferstehung ist ja nicht nur ausserhalb unseres irdischen Lebens, sondern auch mitten in unserem Leben drin.

Der Auferstandene sendet

Gehen wir nochmals zurück zu den biblischen Osterberichten. Alle Ostergeschichten haben e i n e gemeinsame Zielrichtung: Jesus trägt denen, die durch diese Begegnung mit IHM eine tiefgreifende Erfahrung gemacht haben, - er trägt ihnen auf, anderen von ihm zu erzählen. Menschen, die Ostern persönlich erlebt haben, sind immer unterwegs zu den Mitmenschen, zu den Brennpunkten des Lebens.

Auch wir werden durch dieses Osterfest ermutigt, zu den Menschen zu gehen und ihnen die Nähe und die Kraft des Auferstandenen zu bezeugen. Und was wir zu verkünden haben, ist die tröstlichste Botschaft dieser Welt: Jesus lebt und wir leben durch ihn. Was das heisst, wird in folgendem Gedicht von einem unbekannten Autor wunderbar ausgedrückt. Es trägt die Überschrift „**Österlicher Weg**"

Unser Weg geht weiter.
Seit Ostern ist es ein neuer Weg.
Denn der Auferstandene geht mit uns.
Mit IHM können wir Wüste zum Garten werden lassen
vom Tod zum Leben kommen, in Dunkelheit Licht schaffen
aus Entbehrung Erfüllung finden
unseren Durst nach lebendigem Wasser stillen
im Kreuz des Alltags Zeichen des Heiles sehen.
Mit dem Auferstandenen können wir immer neu aufbrechen
und darauf vertrauen, an unser Ziel zu gelangen.

2. Ostersonntag

Vom Zweifel zum Glauben

Der „ungläubige Thomas“

Armer Apostel Thomas, was haben wir mit dir gemacht! Für ganze Generationen von Christen hast du als schlechtes Beispiel herhalten müssen. „Ungläubiger Thomas“, hat man dich genannt, weil du zunächst deine Zweifel hattest. Und fast alle vergessen, dass du nach der Begegnung mit dem Auferstandenen das schönste und tiefste Christus-Bekenntnis abgelegt hast: „Mein Herr und mein Gott!“

Thomas – das sind auch wir

Liebe Mitchristen! Mir ist der Apostel Thomas sympathisch. Ich finde es gut, dass die Bibel von ihm berichtet. So viele Menschen und auch Christen können sich in ihm wiedererkennen. Gewiss ist ein felsenfester Glaube ein grosses Gnadengeschenk. Aber dieser felsenfeste Glaube steht in der Regel nicht schon am Anfang, sondern eher am Ende eines Glaubensweges. Der Zweifel kann ein kürzeres oder längeres Wegstück sein auf dem oft mühsamen und doch befreienden Weg des Glaubens.

Thomas in „bester Gesellschaft“

Die Bibel selber berichtet – nebst dem Thomas – von bedeutsamen Menschen, die durch Zeiten der Unsicherheiten und des Zweifels gegangen sind. Die grossen Propheten des Alten Testamentes gehören dazu:

- Elias zum Beispiel, der müde wird im Auftrag Gottes und aufgeben möchte;
- Jeremia, der in einer tiefen Lebenskrise mit Gott hadert;
- sogar Johannes der Täufer, der Wegbereiter Jesu – als Herodes ihn ins Gefängnis warf - zweifelt, ob Jesus wirklich der versprochene Messias ist.

In diesen Menschen können sich auch heute Menschen wiedererkennen.

Der Zweifel als Weg zum Glauben

Glaube ist eben nie ein fester Zustand, ein Besitz, den man einfach hat. Der Glaube ist ein Weg mit seinen Dunkelheiten, mit seinen Ausweglosigkeiten und Sackgassen, mit seinen Ölberg- und Kreuzwegstunden bis hin zum Gefühl der Gottverlassenheit. Auch der Glaubende erfährt Enttäuschungen, Krankheit, Verlust von geliebten Menschen. Er kennt Zeiten der Dürre und der geistlichen Trostlosigkeit.

Nicht beim Zweifel stehen bleiben

Aber der Gott-Suchende bleibt nicht stehen bei seinem Zweifel. Das ist das Entscheidende: Nicht stehen bleiben in seinem Zweifel, nicht aufgeben. Der Zweifel kann auch ein Ansporn sein, tiefer nach der Wahrheit zu fragen, sich nicht mit zu einfachen und oberflächlichen Worten zufrieden zu geben. Der religiöse Glaube ist oft ein Weg durch den Zweifel hindurch, durch die Nacht zu neuem Licht.

Jesus nimmt unsere Zweifel ernst

Gott und Jesus begegnet den zweifelnden und suchenden Menschen mit grossem Verständnis. Und er ermutigt sie, nicht aufzugeben. Er schenkt Kraft, weiterzugehen. Und gerade in dieser Beziehung ist die Begegnung des Apostels mit Jesus faszinierend. Jesus lässt sich offensichtlich auf die Zweifel und die Bedingungen des Thomas ein. Als Jesus seinen Jüngern ein zweites Mal erscheint, zeigt er Thomas seine Hände und lädt ihn ein, seine Wunden zu berühren.

Das Glaubensbekenntnis des Thomas

Aber da ist Thomas überwältigt. Seine Zweifel sind überwunden. Nach all seinen inneren Nöten und Zweifeln legt der Apostel das schönste Glaubensbekenntnis ab: „Mein Herr und mein Gott“. Thomas erkennt Jesus als den, dem er alles zu verdanken hat und auf den er in Zukunft sein ganzes Vertrauen setzen will.

Jetzt wird uns klar, dass Thomas zu Unrecht immer als der Ungläubige hingestellt wird. Er hatte zwar nach dem schrecklichen Karfreitag seine Zweifel. Aber als der Auferstandene ihm begegnet, hat er zu einem noch viel tieferen Glauben hingefunden als je zuvor.

„Mein Herr und mein Gott" – Lebensgebet vieler Heiliger

Spätere Heilige haben sein Bekenntnis „Mein Herr und mein Gott" zu ihrem Lebensgebet gemacht. Der heilige Franz von Assisi hat dieses Wort zwar etwas umformuliert, aber das Gleiche gemeint, wenn er Nächte lang betet: „Mein Gott und mein Alles". Das ist ein ganz grosses Zeichen von Hingabe, Vertrauen und Anbetung.

Der heilige Bruder Klaus hat das Bekenntnis wörtlich aufgenommen in seinem grossartigen Gebet, das wir alle kennen: „Mein Herr und mein Gott". Dreimal verwendet Bruder Klaus das Bekenntnis des Thomas.

Nicht der Zweifel gefährdet die Gemeinschaft mit Gott, sondern die Gleichgültigkeit.

Liebe Mitchristen! Ich wünsche mir eigentlich viel mehr Christen, die wie Thomas sind und ihre Zweifel zulassen, die aber dabei nicht stehen bleiben. Die grosse Tragik vieler Christen sind heutzutage nicht die Zweifel, sondern es ist die religiöse Gleichgültigkeit. Die Gleichgültigkeit ist der Tod jeder Beziehung, auch der Beziehung zu Jesus. Das aber trifft nicht auf die Zweifel zu. Wer seine Zweifel hat, ist innerlich noch auf dem Weg – auch auf dem Weg zum Glauben. Und wie sich Jesus voll Güte und Zärtlichkeit dem Thomas zuwendet, so wendet sich Jesus auch uns zu. Darauf dürfen wir vertrauen. Und mit Thomas möchten auch wir – nach allen unseren Zweifeln – uns gläubig zu Jesus bekennen: „Jesus, mein Herr und mein Gott".

3. Ostersonntag

Ein Glaube zum Anfassen

Wir sprechen manchmal bei Politikern oder Prominenten davon, dass das eine Persönlichkeit „zum Anfassen“ ist. Gemeint ist damit: Der oder die ist bürgernah und offen, kann auf die Menschen zugehen ohne Überheblichkeit und Arroganz, ohne Berührungsängste.

Der Auferstandene – einer zum Anfassen

Im heutigen Evangelium (Lk 24,35-48) schildert der Evangelist Lukas den auferstandenen Christus als einen, der zum „Anfassen“ ist. Er betont dabei auch, dass Auferstehung etwas grundsätzlich anderes ist als eine Geistererscheinung, eine Halluzination oder die Wiedergeburt einer unsterblichen Seele. Der Auferstandene ist einer zum Anfassen. Das ist eine klare und unmissverständliche Botschaft. Jesus zeigt den Jüngern seine Hände und Füsse, die noch von den Wundmalen gezeichnet sind. Jesus – einer zum Anfassen! Und als die Jünger immer noch ihre Zweifel haben, lädt er sie ein: „Fasst mich doch an und begreift: Kein Geist hat Fleisch und Knochen, wie ihr es an mir seht!“ Jesus – einer zum Anfassen! Und um sie vollends von seiner Gegenwart zu überzeugen, isst Jesus vor ihren Augen ein Stück Fisch. Jesus – einer zum Anfassen! Jesus führt die Jünger Schritt für Schritt zum Glauben – zum österlichen Glauben, dass er auferstanden ist und lebt.
Welche Botschaft vermittelt uns Lukas im heutigen Evangelium? Ich möchte auf drei Aspekte hinweisen:

1. **Jesus bleibt auch nach seiner Auferstehung einer zum Anfassen. Das heisst: Er legt sein Menschsein nicht ab**.

Jesus bleibt Mensch, auch wenn er als der Auferstandene zum Vater heimkehrt. Sein menschlicher Leib bleibt von den Wunden gezeichnet, auch wenn sie jetzt verklärt sind. Er behält auch sein menschlich-göttliches Herz und bleibt so den Menschen ganz nah. Gerade im eucharistischen Mahl dürfen auch wir erfahren, dass Jesus der bleibt, der zum Anfassen ist. Nicht nur geistig empfangen wir Christus, sondern IHN selber im sichtbaren Zeichen des Brotes. Die beiden Emmausjünger berichten, dass sie Jesus am Brotbrechen erkannt haben. Brot ist konkret und fassbar. Jesus bleibt als Brot zum Leben auch nach seiner Auferstehung e i n e r zum Anfassen.

2. Eine zweite Botschaft, die Lukas uns im heutigen Evangelium verkündet: **Weil Jesus mit Leib und Seele vom Tode auferstanden ist, werden auch wir mit Leib und Seele zu neuem Leben auferstehen.** Das gehört untrennbar zur österlichen Botschaft.
Nicht nur ein Teil von uns ist zur Auferstehung berufen. Es geht nicht bloss um die unsterbliche Seele. Mit allem, was uns zu dem macht, was wir sind - mit Leib und Seele – sind wir zum ewigen Leben berufen. Allerdings – so glauben wir – werden unsere Verletzungen in Perlen verwandelt sein. Und was uns in diesem Leben an Krankheit und Gebrechlichkeiten belastet, werden wir ablegen dürfen. Wir werden mit einem verklärten Leibe auferstehen. Aber wir werden Menschen zum Anfassen bleiben, was immer auch das bedeuten wird.

3. Das heutige Evangelium möchte uns noch etwas Drittes bewusst machen: **Wir sollen in diesem Leben Menschen und Christen zum Anfassen sein - dies ganz im Geist und in der Gesinnung Jesu.** Das heisst: den Glauben konkret im Leben sichtbar und greifbar machen. Sagen nicht vielleicht deswegen manche, sie könnten nicht mehr glauben, weil sie keinen Christen begegnen, die überzeugend greifbar machen, was Jesus gesagt und vorgelebt hat?!

Ein Christentum zum Anfassen ist gefragt! Jeden Tag haben wir Gelegenheit dazu: in der Familie, am Arbeitsplatz, in der Pfarrei, in der wir unterwegs sind zu Gott. Ein Christentum zum Anfassen, indem wir Hand anlegen, wo Menschen uns brauchen; indem wir zupacken, wo Not ist! Dann haben wir das Evangelium am besten verstanden.

Liebe Gläubige! Spüren wir, wie aktuell und konkret die Osterbotschaft plötzlich wird: Der auferstandene Christus – einer zum Anfassen! Und wir – in der Nachfolge von IHM, die sein Werk der Liebe in dieser Zeit weiterführen sollen! Dann werden auch wir einmal ganz teilhaben an seinem neuen österlichen Leben bei seinem und unserem Vater im Himmel – teilhaben mit Leib und Seele an seiner Herrlichkeit.

4. Ostersonntag

„Damit sie das Leben in Fülle haben“

Das „Defizit“ an Leben in der heutigen Zeit

Immer mehr Menschen werden immer weniger mit ihrem Leben fertig. Es fehlt vielen an Halt und Orientierung. Viele wissen nicht mehr um den Sinn und das Ziel des Lebens. Und je mehr ihnen der Lebenssinn abhandenkommt, desto mehr wird konsumiert, nach Ablenkung und Vergnügen gesucht, mit Alkohol und Nikotin und Drogen das innere Unerfülltsein überspielt und verdrängt, mit überlauter Musik die innere Leere übertönt. Aber der Lebenssinn und das Leben selbst kann nicht ersetzt werden durch Konsum, durch Vergnügen, durch Ablenkung. Für das Leben selber gibt es keine Ersatz-Mittel. Das Defizit an Leben wird dadurch nur noch grösser. Das Defizit an Leben ist in den wohlhabenden Ländern besonders gross.

Sehnsucht nach einem erfüllten Leben

Aber irgendwann – das meine Hoffnung und meine Überzeugung – kommt der Mensch an den Punkt, an dem er erkennt: „Das Leben muss doch mehr sein. Ich muss mich ganz neu auf den Weg machen nach dem wahren Leben, nach dem wahren Lebenssinn – nach dem, was im Leben trägt, was mein Leben wirklich erfüllt und mich im Tiefsten glücklich macht". Und dann wird der Mensch auch wieder offen für die christliche Botschaft. Im Moment suchen zwar die Menschen noch überall nach Ersatzlösungen – in der Esoterik, in fernöstlichen Religionen, in allen möglichen Heilslehren. Vielleicht ist dieser Umweg sogar nötig.

Wahres Leben in Christus

Aber eines Tages wird der Zeitpunkt kommen, dass sie das Leben wieder entdecken, das Jesus für alle bereit hält. „Leben in Fülle" - das ist die tiefste und umfassendste Absicht Jesu für alle Menschen. „Ich bin gekommen, damit sie das Leben haben und es in Fülle haben" (Joh 10,10), sagt Jesus im heutigen Evangelium. Zwar wird es auch weiterhin Diebe und Räuber geben - wie es im heutigen Evangelium heisst: Diebe und Räuber, die versuchen, um teures Geld und mit unlauteren Methoden und Mitteln die Menschen um ihr Leben zu betrügen. Diese haben letztlich keine Zukunft.

Für Jesus und seine Botschaft, für sein Leben und seine Liebe gibt es keine Alternative. Christus und seine Botschaft ist einmalig und einzigartig. Die Kirche als Ganze und die Kirche in den einzelnen Gliedern ist berufen, auf Christus hinzuweisen und die Menschen zu IHM hinzuführen – zu IHM, der Leben ist und das wahre Leben schenkt.

Helft den Menschen leben! Eine zentrale Aufgabe der Kirche

Vor Jahren erschien vom bekannten Pastoraltheologen Paul Zulehner ein kleines Büchlein mit dem Titel „Helft den Menschen leben". Dass die Menschen ein glückliches und sinnerfülltes Leben haben, muss das erstrangige Ziel der Kirche sein! Erfülltes Leben gibt es letztlich nur in der Gemeinschaft mit Christus. Darum ist die Kirche berufen, in all ihrem Tun auf Christus hinzuweisen und selber als Gemeinschaft der Glaubenden mit Christus und durch Christus zu leben und lebendig zu sein.

Helft den Menschen leben! Die Kirche ist berufen, Christus und seine Botschaft den Menschen zu verkünden und zu bezeugen. Was gehört denn zur „Grundbotschaft Jesu", welche die Kirche vor allem weitergeben soll? Ich kann es nur in wenigen Worten andeuten. Ich möchte es ganz persönlich formulieren – für mich und für jeden und jede einzelne von euch:

Die Grundbotschaft Jesu

1. **Gott ist schon immer bei mir.** Gottes Liebe kommt meiner schwachen Liebe zuvor. Er kennt mich ganz persönlich. Er kennt mich beim Namen. Vor ihm muss ich nie Angst haben. Und ich bin ihm unendlich viel wert.

2. **Christ werden heisst, mich von Christus und seiner Liebe ergreifen lassen – mich IHM zuwenden**. Oder noch richtiger ausgedrückt: seine zärtliche Zuwendung zu mir im Glauben dankbar annehmen.

3. Wenn ich mich von Christus geliebt weiss, brauche ich nicht mehr am Sinn meines Lebens zu zweifeln. Wenn ich mich **von Christus geliebt weiss, kann ich mich auch selber annehmen.** Im Glauben an Christus finde ich auch zu mir selber.

4. **Lebenssinn erfahre ich vor allem in der Gemeinschaft von Glaubenden, d.h. in der Gemeinschaft jener, die ihr Vertrauen auf**

Gott, auf Christus setzen. Der Glaube an Christus bringt mich eine neue und tiefere Beziehung zu den Mitmenschen.

5. **Zum christlichen Glauben kommen Menschen durch das Zeugnis von Christen, die von Christus erfüllt sind, die im Geiste Jesu leben**. Ein christlicher Schriftsteller der Urkirche wurde einmal gefragt: „Was tust du, um einen Menschen für Christus zu gewinnen, um aus einem Menschen einen Christen zu machen“. Er gab darauf zur Antwort: „Ich lasse ihn ein Jahr lang in meinem Hause wohnen“. Er meinte damit: „Er soll sehen und erfahren, wie ich als Christ lebe, bete, handle, mit den Mitmenschen umgehe“.

Zum Leben befreit – zu den Menschen gesandt

Wir begehen heute den Weltgebetstag für Kirchliche Berufe. Wer sich im Innersten von Jesus berühren lässt, kann anderen Menschen helfen, dem wahren Leben auf die Spur zu kommen, das Jesus ist und Jesus schenkt. Helft den Menschen leben! Das ist der Auftrag Christi an seine Kirche. Das ist auch der Auftrag an uns alle, die wir durch Taufe - Firmung und Eucharistie - zur Kirche gehören. Helft den Menschen leben! Die Tür zum wahren Leben ist Christus.

Im heutigen Evangelium sagt Jesus von sich: „Ich bin die Tür; wer durch mich hineingeht, wird gerettet werden; er wird ein- und ausgehen und Weide finden“ (Mt 10,9). Die gute Weide ist ein Bild für das Leben in Fülle, das Christus uns schenkt. Welch eine Gnade, in der Gemeinschaft mit Christus leben zu dürfen! Müssten wir dafür nicht noch viel dankbarer sein und auch anderen den Weg zu Christus weisen?! Dazu sind wir als Glieder der Kirche alle berufen und gesandt!

5. Ostersonntag

Mit Christus verbunden, damit unser Leben gelingen kann

Gewiss kennen viele von Euch die frühere beliebte Fernseh-Ratesendung „Was bin ich?“ von Robert Lembke. Über Jahre hinweg hat sich das Rateteam bemüht, auf unterhaltsame und intelligente Art den Beruf bzw. die Besonderheiten des Gastes herauszufinden. Mit einer typischen Handbewegung durfte der Gast einen ersten Anstoss geben.

Im Gegensatz zu Robert Lembke's Ratespiel „Was bin ich?“ macht Jesus im Evangelium kein Rätsel daraus, was oder wer er ist. Die „Ich-bin-Worte“ ziehen sich gewissermassen wie ein roter Faden durch viele Kapitel des Johannesevangeliums:

- Ich bin das Brot des Lebens (Joh 6,48)
- Ich bin das Licht der Welt (Joh 8,12)
- Ich bin die Tür (Joh 10,7)
- Ich bin der gute Hirte (Joh10,11)
- Ich bin die Auferstehung und das Leben (Joh 11,25)
- Ich bin der Weg, die Wahrheit und das Leben Joh 14,6)
- Ich bin der wahre Weinstock (Joh 15,1)

Die „Ich-bin-Aussagen“ Jesu sind wie eine Ausfaltung des Namens Gottes, wie Gott selber ihn dem Mose geoffenbart hat. In Jesus hat der Name Gottes „Ich bin der, der für Euch da ist“ menschliche, konkrete Gestalt angenommen. In diesen Selbstaussagen offenbart uns Jesus, wer er ist und was er für uns Menschen bedeutet. In einer Vielzahl von Bildern, Vergleichen, Gleichnissen und besonderen Taten zeigt Jesus, wer er wirklich ist.

Bleiben wir heute beim Bildwort vom Weinstock. Was möchte uns dieses Bild über Jesus und über unser Leben sagen?

1. Christsein heisst vor allem: mit Jesus in Verbindung leben. Christus sagt: „Ich bin der wahre Weinstock, und ihr seid die Reben". Das bedeutet eine ganz tiefe Gemeinschaft mit Christus. Mit dem Gleichnis vom Weinstock und den Rebzweigen (Joh 15,1-8) will Jesus uns sagen: All unsere Lebenskraft stammt von ihm. Christus ist der wahre göttliche Lebensbaum; wer mit IHM verbunden ist, der lebt, der ist am wahren Leben angeschlossen.

In der heiligen Taufe wurden wir vor Jahren in den Weinstock Jesus Christus eingepflanzt. Aber dies genügt noch nicht. Immer neu müssen wir unsere Lebenskraft aus Jesus beziehen. Im heutigen Evangelium wird dafür das Wort „Bleiben" gebraucht: In Christus bleiben - ER in uns und wir in IHM! 9 Mal spricht das heutige Evangelium vom Bleiben, vom Bleiben in Christus. Was meint das konkret im Leben?

- In ihm bleiben heisst, auf sein Wort hören
- In IHM bleiben bedeutet, ihm begegnen in der Eucharistie
- In IHM bleiben besagt, mit ihm verbunden sein im persönlichen Gebet
- In IHM bleiben verlangt, dass wir in seinem Geist leben

In Christus bleiben – das ist das tiefste Geheimnis des Christseins.

2. Das Gleichnis vom Weinstock und den Rebzweigen sagt uns ein Zweites: **Durch Christus, den wahren Weinstock, sind wir auch innig miteinander verbunden.** Wir alle sind als Christen Rebzweige am gleichen Weinstock Jesus Christus. Durch Christus und nur durch IHN sind wir lebendige Glieder der Kirche. Im Blick auf Christus und in der Verbindung mit IHM lassen sich die Probleme in der Kirche und in der Welt und auch in unserem Leben viel leichter lösen. Was uns zutiefst miteinander verbindet, ist die Liebe Jesu, mit der er uns alle liebt. Durch Christus, den wahren Weinstock, sind wir innig miteinander verbunden.

3. **In der Gemeinschaft mit Christus wird unser Leben fruchtbar werden und für andere ein Segen sein**. Jesus sagt: „Wer in mir bleibt und in wem ich bleibe, der bringt reiche Frucht“. Welches ist die Frucht dieses „Bleibens in Jesus“? Aus dem Bleiben, aus der Verbindung mit Jesus wächst Liebe, Friede, Freude, inneres Glück, Geduld, tiefe Gemeinschaft, Verstehen und Verstandenwerden, Annehmen und Angenommen werden. Wer gläubig mit Jesus verbunden lebt, findet und hat das wahre Leben: ein reich erfülltes Leben.

4. **Ein Weinstock kann nur fruchtbar bleiben, wenn er regelmässig beschnitten wird.** Im übertragenen Sinn heisst das: Gott lässt es zu und bewirkt auch, dass unser Leben manchmal oder öfters beschnitten wird - nicht um uns zu schaden, sondern uns zu reicherem und erfüllteren Leben zu führen. Im Leben beschnitten werden - das kann ein schmerzlicher Prozess sein, aber er kann viel Gutes bewirken. Wie mancher Mensch hat erst durch eine Krankheit hindurch zum wahren Heil gefunden. Oder durch eine Enttäuschung wurden uns die Augen für die wahren Werte des Lebens geöffnet. Durch Lebenskrisen, die wie einer Beschneidung gleichkommen, lernt oft der Mensch viel mehr, als wenn alles am Schnürchen geht. Beschnitten werden, um reichere Frucht bringen zu können! Auch das können wir vom Weinstock lernen.

5. Und ein Fünftes, welch das bisher Gesagte zusammenfasst: **Nur in der tiefen und gläubigen Verbindung mit Christus kann unser Leben gelingen**. Jesus sagt: „**Getrennt von mir könnt ihr nichts tun“**. Ich habe hier einen kleinen Rebzweig. Er ist vom Weinstock getrennt. Zwar ist er jetzt noch grün und es ist noch etwas Lebenssaft in ihm. Aber aus sich

selber kann er nicht mehr weiterleben. Nach wenigen Tagen wird er gänzlich verdorren. Ohne Christus wird unser Leben kraftlos und saftlos. Wir können zwar alles Mögliche tun, aber es bringt keine Frucht, die bleibt. Darum muss es unser Herzensanliegen sein, mit Christus, dem wahren Weinstock, verbunden zu leben. Durch IHN erkennen wir auch, wer und was wir selber wirklich sind. So wird auch unser Leben gelingen, es wird Gott ehren und für andere zum Segen werden.

6. Ostersonntag

"Wenn ihr mich liebt, werdet ihr meine Gebote halten"

Es gibt eine uralte menschliche Erfahrung: Wenn wir einen Menschen wirklich lieben, tun wir gerne, was der geliebte Mensch von uns erwartet. Wir lesen ihm seine Wünsche von seinen Augen ab. Und es ist uns selber eine Freude, wenn wir dem geliebten Menschen eine Freude machen können.

An dieser Erfahrung knüpft Jesus an, wenn er im heutigen Evangelium sagt: "Wenn ihr mich liebt, werdet ihr meine Gebote halten" (Joh 14,15). Um dieses Wort in seiner ganzen Tiefe zu verstehen, müssen wir uns fragen: Was bedeutet uns Jesus, dass wir ihn lieben und seine Gebote halten können?

Was bedeutet Jesus für uns?

Was würdet ihr jetzt selber darauf antworten: Was bedeutet Jesus für mich? Wir geben jetzt dieser Frage ganz persönlich in einem Moment der Stille ein wenig Raum...

Jeder Christ hat wohl sein ganz persönliches Christus-Bild entsprechend seiner Lebensgeschichte:

> Jemand sagt vielleicht: "Jesus ist mein bester Freund, dem ich alles anvertrauen kann"!
>
> Ein anderer: "Jesus ist für mich der Erlöser, der mich befreit aus Sünde, Angst und Tod".
>
> Ein Dritter sagt vielleicht: "Jesus ist für mich der beste Lehrer für mein Leben. Er sagt und zeigt mir, wie mein Leben gelingen kann".

Lothar Zenetti (* 1926) gab auf die Frage, was Jesus für ihn bedeute, in einem Wortspiel eine wunderbare Antwort:

> "Was ich von Jesus halte? - Dass er mich hält!
> Was Jesus für mich ist? - Einer, der für mich ist".

Mechthild von Magdeburg bekennt in einem Gebet:

> "Herr Jesus Christus, zwischen dir und mir sind alle Dinge schön".

Von Jesus geliebt und angenommen

Aus all diesen Worten und Lebenszeugnissen spricht die Erfahrung: Wir können Jesus lieben, weil wir zuerst von ihm geliebt und angenommen sind. Nun sagt uns Jesus im heutigen Evangelium, worin unsere Liebe zu ihm bestehen soll: "Wenn ihr mich liebt, werdet ihr meine Gebote halten".

Die "Gebote" Jesu: sein Beispiel

Welches aber sind seine Gebote? Einerseits hat Jesus die Bedeutung des Doppelgebotes der Gottes- und Nächstenliebe betont. Andrerseits fordert er in aller Bestimmtheit: "Liebt einander, wie ich euch geliebt habe". Also ist das Beispiel Jesu in allem entscheidend. An seinem Verhalten können wir ablesen, welches seine Gebote für uns sind. Ich möchte dies ein wenig andeuten:

- Jesus hat stets innige Zwiesprache im Gebet mit seinem Vater gehalten. Also gehört das Gebet wesentlich zu unserem Christsein.

- Jesus hat sich zum Diener aller gemacht. Beispiel dafür war die auch Fusswaschung beim letzten Abendmahl. Also muss das Dienen ein Kennzeichen von uns sein, wenn wir zu Christus gehören wollen.

- Jesus hat sich für die Armen, Ausgestossenen, Notleidenden eingesetzt. Also muss der Einsatz für die Entrechteten, Armen und Hungernden ein zentrales Anliegen sein für jene, die Jesus nachfolgen wollen.

- Jesus hat seine Feinde geliebt und für sie noch am Kreuz gebetet: "Vater vergib ihnen, sie wissen nicht, was sie tun". Somit gehört auch die Feindesliebe zu seinen Geboten, die er seinen Jüngern - und damit allen Christen - aufträgt.

Wir brauchen einen Helfer - den Heiligen Geist

Doch wie soll uns all das gelingen? Wir sind doch alle schwache, begrenzte Menschen? - Aus uns selber vermögen wir nichts. Aber Christus hat uns im heutigen Evangelium einen Beistand, einen Helfer versprochen. Dieser Beistand und Helfer ist der Heilige Geist. Durch seinen Geist bleibt Christus unter uns und in uns gegenwärtig. Nur in seinem Geist, in seiner Kraft können wir seine Gebote erfüllen. Jetzt verstehen wir auch das Anfangswort aus der heutigen Lesung in einem neuen Licht: "Haltet in eurem Herzen Christus, den Herrn, heilig" (1 Petr 3,15). Wenn Christus in uns lebendig ist, wenn er in unserem Herzen den wichtigsten Platz einnimmt, dann können wir immer besser in seinem Geiste leben und handeln.

Gottes Kraft in menschlicher Schwachheit

Aber kommen wir uns nicht trotzdem so oft als Versager vor? Vom Wüstenvater Antonius wird uns folgendes erzählt: Als sein Glaube geprüft wurde und er seine menschliche Gebrechlichkeit spürte, fragte er Christus im Gebet: "Herr, wo warst du, als ich so sehr versuchte wurde und meine menschliche Ohnmacht spürte?" Und der Herr antwortete ihm: "Ich war mitten in deiner Seele und habe mich gefreut, dass du dich so sehr bemüht hast, nach meinen Geboten zu leben".

So kann es auch uns ergehen: Wenn wir das Gefühl haben, nichts mehr tun zu können und versagt zu haben, wirken wir vielleicht am meisten und leben am besten nach den Geboten Jesu. Da gilt das Wort des Dichters Adelbert von Chamisso: "Gott ist mächtig in den Schwachen".

Vertrauen wir in allem auf das Wort Jesu aus dem heutigen Evangelium: "An jenem Tag werdet ihr erkennen: Ich bin in meinem Vater, ihr seid in mir und ich bin in euch". Nicht wir selber wirken dann, sondern Christus wirkt in uns. Je mehr wir Christus und seiner Liebe Raum geben in unserem Herzen und in unserem Leben, desto besser werden wir seine Gebote erfüllen und ihm so unsere Liebe zeigen.

Christi Himmelfahrt (A)

Himmel – Wirklichkeit und Verheissung

Wenn wir von Himmel und Himmelfahrt reden, schauen wir automatisch nach oben, obwohl wir wissen, dass Gott nicht irgendwo über dem Sternenzelt ist, sondern überall. Aber wo ist denn Gott wirklich, dass wir ihn erfahren und erspüren können? Ich möchte zuerst eine kleine Geschichte erzählen, die uns dem Geheimnis des heutigen Festes etwas näherbringt.

Wo Himmel und Erde sich berühren

Es waren zwei Mönche, die lasen miteinander in einem Buche, am Ende der Welt gebe es einen Ort, an dem der Himmel und die Erde sich berühren. Sie beschlossen, ihn zu suchen und nicht umzukehren, ehe sie ihn gefunden hätten. Sie durchwanderten die Welt, bestanden unzählige Gefahren, erlitten alle Entbehrungen, die eine Wanderung durch die ganze Welt erfordert, und alle Versuchungen, die einen Menschen von seinem Ziel abbringen können. Eine Tür sei dort, so hatten sie gelesen; man brauche nur anzuklopfen und man befinde sich bei Gott. Schliesslich fanden sie, was sie suchten. Sie klopften an die Tür. Bebenden Herzens sahen sie, wie sie sich öffnete. Und als sie eintraten, standen sie - zu Hause in ihrer Klosterzelle. Da begriffen sie: Der Ort, an dem Himmel und Erde sich berühren, befindet sich auf dieser Erde, an der Stelle, die Gott uns zugewiesen hat.

Ein Stück dieser Erde zu einem Stück Himmelreich gestalten

Die obige Geschichte zeigt uns, dass der Himmel nicht in ungezählten Lichtjahren von unserer Erde getrennt ist. Der Himmel ist eng mit unserer Erde verbunden. Die Nahtstelle zwischen Himmel und Erde liegt da, wo wir leben, wo unsere Aufgabe ist. Seitdem Jesus vom Himmel auf diese Erde gekommen und wieder in den Himmel zurückgekehrt ist und doch uns ganz nahe bleibt, sind Himmel und Erde ganz eng miteinander verbunden. Ein Stück Himmelreich ist immer auch dort, wo wir unsere christliche Aufgabe erfüllen.

Christus gibt uns den Auftrag: Lebt so, wie ich gelebt habe. Schaut nicht in die Wolken, denn da ist der Himmel nicht zu finden. Schaut in die Welt und macht die Erde zu einem Stück Himmelreich: Tragt die Frohe Botschaft zu den Menschen! Teilt mit den Hungrigen; lasst die Einsamen nicht allein; schenkt den Kranken Mut und Hoffnung; gebt den Menschen, die keine Heimat haben, eine Zuhause und teilt miteinander Freude und Leid. Wenn ihr so lebt, spürt ihr und erfahren andere: Der Himmel fängt schon jetzt an – dort, wo ihr seid und eure Lebensaufgabe erfüllt. - Wo Menschen im Geiste Jesu leben und handeln, da ist ein Stück Himmelreich.

Der Himmel ist in uns

Aber das Fest Christi Himmelfahrt sagt uns noch mehr: Ein Stück Himmel ist nicht nur unter uns, sondern auch in uns. Unser Herz ist der Ort, wo Christus wohnt und wohnen will. Allzu oft suchen wir den Himmel viel zu weit weg. Wir müssten vielmehr ganz tief in uns hineinhorchen, und wir würden das Göttliche in uns entdecken. Das haben alle geistliche Menschen gewusst. Und es wird heute neu entdeckt. Vom mittelalterlichen Mystiker Angelus Silesius stammt das berühmte Wort:

> „Halt an, wo läufst du hin? Der Himmel ist in dir.
> Suchst du Gott anderswo, du (ver)fehlst ihn für und für“.

Der Himmel ist nicht irgendwo zu suchen, sondern in uns. Wir sind gewiss Menschen dieser Erde, aber zugleich Menschen des Himmels. Wir sind jetzt schon Bürger des Himmels, weil wir das göttliche Leben in uns tragen. Christus lebt in uns und wir in ihm. Diese frohmachende Wahrheit sollten wir uns immer wieder bewusst machen. Vielleicht könnte folgende kleine

Übung uns hilfreich sein: Ich sitze still da und sage mir immer wieder vor: „Christus in mir". Das Einatmen verbinde ich mit dem Wort „Christus", das Ausatmen mit dem Wort „in mir". Christus - in mir! Christus - in mir! (2 – 3x) Wir dürfen so spüren: Christus durchdringt meinen Leib, meine Seele, meinen Geist. So kann ich in eine tiefere Beziehung zu Christus treten. Das Fest Christi Himmelfahrt ermutigt uns alle dazu.

Wir sind auf dem Weg zum Himmel

So sehr wir glauben, dass wir Christus – und damit ein Stück Himmel – in uns tragen, sind wir doch auch noch auf dem Weg zum Himmel. Der Kirchenlehrer Origenes hat dies einmal so formuliert: „Du bist Himmel und du gehst in den Himmel". Wir sind beides, Menschen, die den Himmel in sich tragen, und Menschen auf dem Weg zum Himmel. Beide Wahrheiten sind wichtig.

Wenn uns bewusst bleibt, dass wir auf dem Weg zum Himmel sind, werden wir nicht aufgehen in irdischen Geschäften. Erfolg und Besitz haben dann nicht mehr den höchsten Stellenwert. Wir sind auf dem Weg zum Himmel. Wenn wir das grosse Ziel unseres Lebens vor Augen haben, dann ist auch der Weg weniger beschwerlich. Wir kennen dies aus unserer menschlichen Erfahrung: Wenn wir uns auf den Weg machen, einen lieben Menschen zu besuchen, so hält uns die Vorfreude in Spannung und lässt die Strapazen des Weges leichter überwinden. So darf es auch sein auf unserem Weg zum Himmel. Wir glauben: Unsere Heimat – unser letztes Ziel - ist im Himmel. Mit jedem Tag gehen wir einen Schritt diesem Ziel näher. Die Vorfreude, einmal ganz und gar bei Gott zu sein, lässt uns die Mühen des irdischen Lebensweges leichter bewältigen.

Liebe Gläubige! Möge es uns geschenkt sein, dass wir ein Stück Himmelreich erfahren:

- schon jetzt in dieser Welt, in der wir im Geiste Jesu arbeiten und wirken

- in unserem Innersten, wenn wir Christus Raum geben in unserem Herzen
- und einmal für immer, wenn Gott uns heimholt in die ewige Heimat, in die Christus uns vorausgegangen ist, um uns eine Wohnung zu bereiten.

Himmelfahrt Christi (B)

Die Botschaft von Christi Himmelfahrt

Ein Pfarrer aus dem Kanton Zürich hat vor einigen Jahren seine Predigt am Fest Christi Himmelfahrt so angefangen:

> „Liebe Mitchristen, Auffahrt ist das wundersamste Fest der Christenheit. So wundersam, dass es einen fast nicht mehr wundert, was man mancherorts daraus gemacht hat: Hier in der Schweiz ist Auffahrt ein Auftakt zu einem verlängerten Wochenende. Ausfahrt statt Auffahrt. Stehen im Stau statt Feiern im Kirchenbau. Und in Deutschland hat man nach den Müttern, die ja ihren eigenen Festtag haben, mit Auffahrt auch den Vätern zu einem „Vatertag" verholfen: Da ziehen scharenweise Männer mit dem Auto - beladen mit Bier, Schnaps und Schinken - durch die Gegend bis zum vereinbarten Sammelplatz und trinken mehr, als sie vertragen können. So kann man natürlich auch sein «himmelblaues Wunder» erleben, allerdings ganz anders, als die Bibel davon erzählt." (Pfr. Joachim Korus, 5. Mai 05)

Diese Feststellungen des Pfarrers aus dem Kanton Zürich sind gewiss etwas übertrieben und auch ironisch formuliert. Dahinter steckt aber doch unausgesprochen die Frage: Was ist denn die Bedeutung des Festes Christi Himmelfahrt? Für viele Menschen bedeutet dieses Fest leider wenig oder gar nichts. Sie sagen, dass die Himmelfahrt Jesu, wie sie im Evangelium beschrieben wird, für die Menschen von heute nicht vorstellbar sei. Sie gehöre eher zu der Welt der Märchen. Aber als Christen können wir uns mit dieser Meinung nicht zufrieden geben. Wir fragen uns: Wie ist die Himmelfahrt Christi gemeint?

Fragwürdige Bräuche

Da gab es auch im christlichen Umfeld fragwürdige Vorstellungen.
Im Mittelalter haben die Menschen sich die Himmelfahrt ganz konkret vorgestellt: Christus wird einfach wie von unsichtbarer Hand in den Himmel emporgehoben. Um dies zu veranschaulichen, gab es in manchen Kirchen den Brauch, an diesem Fest eine Christusstatue aus Holz mit einem Seil nach oben zu ziehen, bis dann diese in einer Öffnung in der Kirchendecke verschwand. An Pfingsten liess man dann eine Holztaube durch diese Öffnung herunter, als Symbol für das Herabkommen des Heiligen Geistes. Daher bekam diese Öffnung den Namen „Heiliggeistloch“ oder „Pfingstloch“ und ist heute noch in einigen Kirchen zu sehen.
Dieser Brauch war sicher gut gemeint. Aber ist das auch eine hilfreiche Vorstellung, um Himmelfahrt wirklich zu verstehen? Wohl kaum. So fragen wir uns erneut: Was ist mit Christi Himmelfahrt gemeint?

Biblische Vorstellungen

Um die biblischen Berichte über die Himmelfahrt Christi besser zu verstehen, ist es hilfreich zu wissen, wie die Menschen vor 2000 Jahren in Palästina die Welt vorgestellt haben. Sie stellten sich die Welt gleichsam in drei Stockwerken vor, in drei Schichten:

Die erste Schicht war für sie *die Unterwelt* – das war die Welt und der Ort des Todes. Die zweite Schicht war für sie *die Erde* – der Ort der hier lebenden Menschen. Und die dritte Schicht war *der Himmel* – das war der Ort Gottes. Die ersten Christen glaubten nun fest daran, dass Jesus wieder an diesen dritten Ort zurückgekehrt ist - dorthin, wo er war, bevor er als Mensch in diese Welt kam. Um diese Vorstellung ging es ihnen, wenn sie von der Himmelfahrt Christi berichteten.

Anders gesagt: Die biblischen Berichte über die Himmelfahrt Christi möchten uns also nicht sagen, dass Jesus wie eine Rakete nach oben fuhr, sondern sie bringen den Glauben zum Ausdruck: Christus ist nun wieder ganz bei seinem Vater, im Licht seiner Herrlichkeit. Das Eintreten in diesen Ort konnte man sich damals aber nicht anders vorstellen, als dass Jesus emporgehoben wurde und eine Wolke ihn aufgenommen hat. Die Wolke gilt in der biblischen Sprache immer als besonderer Ort der geheimnisvollen Gegenwart Gottes. Die Bibelwissenschaftler betonen daher zu Recht: Es geht hier beim Wort „Himmel und Himmelfahrt“ um eine theologische Aussage, um eine Glaubensaussage.

Jesus - auf eine neue Weise unter uns gegenwärtig

Ist Jesus nun durch seine Heimkehr zum Vater im Himmel von dieser Welt abwesend? Müssen wir ihn in den Wolken des Himmels oder irgendwo suchen? Vom deutschen Mystiker Angelus Silesius (1624 - 1677) stammt das Wort: „**Halt an, wo laufst du hin, der Himmel ist in dir: Suchst du Gott anderswo, du fehlst ihn für und für“.**

Angelus Silesius will damit sagen: Der Himmel, der Ort Gottes ist in Wirklichkeit auch unter uns, ja sogar in uns. Diesen Glauben zeigen wir, wenn wir z.B. zu Gott beten. Wenn aber der Himmel unter uns und in uns ist, bleibt auch Jesus unter uns gegenwärtig. Daher ist das Fest Christi Himmelfahrt auch die Zusage der bleibenden Gegenwart Jesu unter uns.

Christus ist nicht weggegangen von uns, sondern er ist und bleibt auf eine neue Weise mitten unter uns lebendig gegenwärtig.

Jesus ist uns vorausgegangen

Aber das ist nur die eine Wahrheit, die wir an Christi Himmelfahr feiern. Gewiss, Jesus bleibt unter uns; man kann das nicht genug betonen. Und zugleich gilt: Er ist uns vorausgegangen. Und er will uns alle einmal hineinnehmen in seinen Himmel. Das Modewort „Der Weg ist das Ziel“ trifft hier nicht zu und ist überhaupt generell sehr missverständlich. Unser Lebensweg hat ein Ziel, ein endgültiges Ziel. Unser letztes Ziel ist es, einmal ganz bei Gott zu sein, ihn zu erfahren, wie er ist; befreit sein von allem, was Leben bedroht und einengt. Endgültig in diesen Raum Gottes einzugehen, das ist der wahre Himmel, der durch nichts mehr bedroht ist. In diesen Himmel ist Jesus uns vorausgegangen; und er will, dass wir alle einmal dorthin gelangen.

Ich wünsche uns allen, dass wir die Gegenwart Jesu in unserem Alltag spüren und erfahren – aber zugleich unseren Blick und unser Herz weiten auf das, was vor uns liegt: die ewige Freude im Himmel. Dann werden wir auch die schwierigen Situationen unseres Lebens besser meistern und durchstehen. Gerade so werden wir Menschen sein, die Christus einerseits in dieser Welt präsent machen, aber zugleich auch auf ein endgültiges Ziel verweisen: die endgültige Fülle des Lebens in Gott.

7. Ostersonntag

Die alles entscheidende Stunde Jesu

Bedeutsame Stunden in unserem Leben

Es gibt Stunden, die unvergesslich, ganz dicht, voller Leben und von ganz grosser Bedeutung sind:

◆ die Geburtsstunde eines Kindes, bei der die Eltern über das Wunder des Lebens zutiefst gerührt und ergriffen sind.

◆ die Stunde einer Trauung, in der das Brautpaar sich das Ja-Wort zum Lebensbund schenkt.

◆ Für ein Weiss-Sonntagskind ist es die Stunde der Erstkommunion, auf die es sich über mehrere Wochen vorbereitet hat.

◆ Für junge Menschen kann die Stunde unvergesslich bleiben, in der sie das Lehrabschluss-Zeugnis bzw. das Diplom entgegennehmen dürfen, auf das sie während Monaten und Jahren daraufhin gearbeitet haben.

◆ Für mich ist die Stunde der Priesterweihe von entscheidender Bedeutung, die mich für mein ganzes Leben prägt.

◆ Der Dichter Leo Tolstoi meint, die immer je gegenwärtige Stunde sei die wichtigste, weil wir ja an unserer Vergangenheit nichts mehr ändern können und weil die Zukunft noch nicht in unserer Verfügungsgewalt liegt.

Die Stunde Jesu

Auch im heutigen Evangelium (Joh 17,1-11a) war von einer ganz wichtigen Stunde die Rede. „Vater, die Stunde ist da. Verherrliche deinen Sohn“, so betet Jesus im Abschiedsgebet zu Gott, seinem Vater. Was ist das für eine Stunde? Es ist in der Sprache des Johannesevangeliums die Todesstunde Jesu. Das mag überraschen. Wenn aber Jesus in Hinblick auf seine Todesstunde betet: „Verherrliche deine Sohn!“, dann bittet er Gott darum, dass er ihn mit seiner ganzen göttlichen Liebe umgeben möge. Jesus weiss: Seine Hingabe am Kreuz wird für ihn zur Heimkehr zum Vater. Aber zugleich bringt seine Hingabe am Kreuz den Menschen die Rettung, die Erlösung aus Sünde und Tod. Das entspricht der tiefsten Absicht Gottes: Gott will das Heil für alle Menschen.

Die „dunkle, brutale“ Stunde der Menschheit

Versuchen wir, diesem Geheimnis noch etwas nachzuspüren. Der Tod Jesu am Kreuz war die Konsequenz, die sich aus seinem Leben ergab. Die Stunde Jesu am Kreuz scheint zwar zunächst gar nicht seine Stunde zu sein, sondern die Stunde der Welt. Die Menschen, denen Jesus das Reich Gottes verkündete, haben ihn abgelehnt und brutal aus ihrer Welt hinausgestossen. Schlimmer wäre es nicht möglich gewesen.

Die Stunde der Hingabe Jesu aus Liebe

Und doch ist diese Stunde auch die Stunde Gottes und die Stunde Jesu. Wo die Sünde und der Hass der Welt übermächtig wurde, erwies sich Gottes Liebe als noch grösser. Die Menschen mögen noch so brutal und gottlos sein, sie bleiben dennoch von der Liebe Gottes umfangen. Wir Menschen können den Glauben an Gott verlieren, Gott aber verliert nicht den Glauben an den Menschen.

Darum ist die Todesstunde Jesu die alles entscheidende Stunde, in der sich Gott endgültig, für immer und ewig, für die Welt entschieden hat. Für diese Wahrheit und Wirklichkeit Gottes steht Jesus. Darum ist die Stunde seiner Hingabe am Kreuz s e i n e Stunde. Sie bringt den Menschen das Heil und das wahre Leben zurück.

„Unsere Stunde“

Was könnte das für uns heissen, die wir versuchen, Jesus nachzufolgen? Gab es nicht auch schon in unseren Leben eine solch entscheidende

Stunde, die in sich unendlich schwer und bitter war, aber dann zur grossen Gnadenstunde wurde?:

- Vielleicht ist eine Beziehung schmerzlich zerbrochen, damit eine neue und tiefere Beziehung entstehen konnte. (Ich will natürlich nicht der Ehescheidung das Wort reden.)
- Vielleicht traf jemand die Diagnose einer schweren Krankheit; aber dies bewirkte, dass der Betreffende das Leben ganz neu sehen und schätzen lernte.
- Wie oft durften wir vielleicht erleben, dass eine bitterste und schwerste Stunde zur Gnadenstunde wurde, weil sie die entscheidende Wende brachte. Aber dies können wir meistens nicht schon im Moment erkennen, sondern erst in der Rückschau.
- Einmal wird die Sterbestunde unsere grosse Stunde sein, die uns zur Begegnung mit dem lebendigen Gott führt und die dann für uns zur Stunde der Auferstehung werden wird. Das ist doch unsere christliche Hoffnung.

Im Licht des Heiligen Geistes Gottes Liebe „verstehen“

Um diese Botschaft verstehen zu können - im Blick auf unser eigenes Leben und im Blick auf Jesus - brauchen wir das Licht des Heiligen Geistes. Wir tun gut daran, wie Maria und die Apostel um Gottes Geist zu beten. Im Gebet denken wir über Gottes rettendes Wirken nach. Im Gebet kann uns aufgehen, wie Gott seine führende Hand über unser Leben hält und alles lenkt und leitet. Gott will, dass wir das Leben haben – Leben in Fülle – aus der Kraft seiner Liebe und Treue.

Pfingsten (A)

Bilder für den Heiligen Geist

Pfingsten ist das Fest des Heiligen Geistes. Wenn die Bibel vom Heiligen Geist spricht, dann macht sie dies immer in Bildern und Symbolen. Es sind vom allem drei Bilder: die Luft, das Feuer und das Wasser. Von Wind und Feuer war in der heutigen Lesung aus der Apostelgeschichte (Apg 2,1-11) die Rede, vom Wasser im Evangelium (Joh 7,37-39).

Wind – Symbol des Heiligen Geistes

Ein erstes Bild für den Heiligen Geist ist also die Luft. In den Sprachen der Bibel bedeutet das Wort für Geist Wind, d.h. bewegte Luft. Wir alle brauchen Luft und Sauerstoff, um leben zu können. Ohne Luft, ohne Sauerstoff kein Leben! Viele Menschen entdecken heute wieder neu, was Atmen bedeutet, welche erquickende und heilsame Wirkung richtiges Atmen hat, besonders wenn wir gute Luft einatmen. Der Heilige Geist ist die bestmögliche Luft für unser Leben, für unser Herz und unsere Seele. Wenn ich bete „Komm, Heiliger Geist!“, dann bete ich darum, dass der Atem Gottes in mich kommt, mich mit Leben und Freude erfüllt.
Wir wissen auch, wie wichtig „die Luft“, eine gute Atmosphäre ist im Zusammenleben der Menschen, dass sich alle wohl fühlen: in der Familie, am Arbeitsplatz, in einem Verein. Wenn die Luft hier rein ist, fühlen sich alle angenommen und verstanden. Wo Menschen sich vom guten Geist, vom Heiligen Geist leiten lassen, da blüht Leben auf. Da entsteht Gemeinschaft, ein gutes Miteinander und Füreinander!

Wo aber „dicke Luft herrscht“ und eine „stickige Atmosphäre“ ist, wo Menschen einander das Leben unnötig schwer machen, da fehlt der Heilige Geist. Wie oft vergiften Misstrauen, Neid und Ehrsucht, Egoismus, böses und gemeines Reden über andere die Luft, die Atmosphäre. Ein

Zeichen, dass sich hier die Menschen nicht vom Heiligen Geist leiten lassen.

Pfingsten lädt uns ein, dem Heiligen Geist wieder mehr Raum zu geben in unseren Herzen und in unseren Gemeinschaften. Er möchte uns in Bewegung bringen zum Guten, dass das Leben kraftvoll und freudvoll werden kann. Der Heilige Geist möchte <u>die gute, erfrischende Luft in unserem Leben</u> sein.

Feuer – Symbol des Heiligen Geistes

Das zweite Symbol für den Heiligen Geist ist das <u>Feuer</u>. Wenn ich mich auf den Heiligen Geist als Feuer einstimme, dann erwarte ich, dass er eine <u>reinigende Funktion im Leben</u> ausübt. Ich hoffe, dass er das verbrennt, was in meinem Leben nicht gut ist, dass er mich läutert wie Gold, das im Feuer geläutert wird. Das ist ein schmerzhafter, aber heilsamer Prozess. Ohne diese Läuterung gibt es kein geistliches Wachstum.

Heiliger Geist als Feuer meint auch die <u>Fähigkeit zur Begeisterung</u> für eine gute Sache, letztlich die Begeisterung für das Reich Gottes. Im Wort Begeisterung steckt ja das Wort „Geist – Be-Geist-erung“. „Feuer und Flamme sein“ für eine gute Sache, meint eigentlich das Gleiche.

Als Feuer ist der Geist auch <u>Licht und Wärme</u>. Er erleuchtet mich und zeigt mir den Weg, den ich gehen soll. Und er schenkt mir die Wärme der Geborgenheit des Friedens mit Gott, wenn ich diesen Weg gehe.

Wasser – Symbol des Geistes

Das dritte Symbol des Geistes ist das <u>Wasser</u>. Wo Wasser ist, da ist Leben. Als Christen denken wir hier besonders an die Taufe. Die Taufe ist das Bad der Wiedergeburt, sagt die Bibel. Wir sind <u>getauft mit Wasser und Heiligem Geist.</u> In der Taufe geht es wie um eine Auferstehung:

Auferstehung zu einem Leben mit und für Gott – und für die Menschen. Wer sich dem Geist Gottes im Glauben öffnet, der wird selber zu einer Quelle für andere. Jesus sagt im heutigen Evangelium: „Aus seinem Inneren werden Ströme von lebendigem Wasser fliessen. Damit meinte er den Geist, den alle empfangen sollten, die an ihn glauben“ (Joh 7,38-39). Wir kennen vielleicht solche Menschen, die von Leben und Freude sprudeln und andere begeistern und mit ihrer Freude anstecken.

Wind – Feuer – Wasser: das sind alles Symbole des Lebens. Das Tiefste und Grösste, was wir vom Heiligen Geist sagen können, ist darum: **Der Heilige Geist ist der Geist des Lebens.**

Immer geht es Gott um das Leben: dass wir das Leben haben – Leben in Fülle. Gott hat uns den Heiligen Geist verheissen und zugesagt: den Geist des Lebens.

➢ Dieser Geist des Lebens will, dass die Menschen leben und atmen können und in einer guten Atmosphäre, in einer Luft der Liebe gedeihen können.

➢ Gottes Geist will in uns das Feuer seiner Liebe entfachen, uns Licht und Wärme schenken.

➢ Gottes Geist will uns befähigen, dass wir selber wie zu einer Quelle des Lebens werden, die anderen zum Leben verhilft.

Öffnen wir uns diesem Geist des Lebens! Dann werden wir das Leben neu als Geschenk erfahren und auch dem Leben dienen können.

Pfingsten (B)

Heiliger Geist – der Geist des neuen Lebens

Vor längerer Zeit geschah es in Zürich – es dürfte ca. 20 Jahre her sein: Einige Jugendliche sprühten mit einer Farbdose folgenden Satz auf eine Kirchenmauer: „Wach auf, du tote Kirche; werde neu, du alte Kirche".

„Wach auf, du tote Kirche; werde neu, du alte Kirche". In diesen wenigen Worten ist der Eindruck vieler Menschen auch von heute zusammengefasst: der Eindruck, dass die Christen schlafen, dass die Kirche tot sei und den Anschluss an die Zukunft nicht finde. „Wacht endlich auf zu neuem Leben, werdet neu!" So möchten die jungen Menschen den Christen sagen. Mir gefällt es zwar nicht, dass Jugendliche Kirchenmauern besprayen; aber ihre Anliegen sind oft berechtigt. Und sie sind dabei in guter biblischer Gesellschaft, auch wenn sie vielleicht gar nicht darum wissen. Das Wort „neu" ist in der Bibel geradezu der Ausweis für das Wirken Gottes.

Schon <u>im Alten (> Ersten) Testament</u> finden wir viele Stellen, die das Neue ankündigen. Es spricht von Gott, der Neues schafft. Es ist die Rede vom neuen Lied, das der Mensch Gott singen wird (Ps 32,3). Es kündet den neuen Bund an, den Gott mit den Menschen schliessen wird (Jer 31,31). Besonders deutlich spricht die heutige Lesung davon, dass Gott den Menschen ein neues Herz schenkt und einen neuen Geist in sie legt (Ez 36,26). In diesem Bild wird verheissen, dass Gott das Volk, das tot war durch Unglaube und Gottvergessenheit, wieder erneuern und ihm wieder eine neue Zukunft schenken werde.

<u>Das Neue (> Zweite) Testament</u> fährt in dieser Linie fort. Es spricht von einer total neuen Lehre, die Christus verkündet hat (Mk 1,27); von einer neuen Sprache, die der Mensch sprechen werde (Mk 16,17); von einem

neuen Leben, in dem wir wandeln sollen (Röm 6,4); von einem neuen Geist, mit dem wir Gott dienen sollen (Röm 7,6). Es ist die Rede davon, dass wir in Christus ein neues Geschöpf sind (2 Kor 5,17); dass wir Diener des neuen Bundes sind und deshalb den neuen Menschen anziehen sollen (Eph 4,24). Und eines der letzten Worte der Heiligen Schrift lautet: „Siehe, ich mache alles neu" (Offb 21,5).

Schauen wir in die Kirchengeschichte, so stellen wir fest, dass das Wirken Gottes ebenso durch das Wort „neu" gekennzeichnet ist. Die Heiligen sind oft ganz neue, überraschende Wege gegangen und haben so die Kirche von innen her im Heiligen Geist erneuert.

Was ist aus diesen Aussagen der Heiligen Schrift und der Kirchengeschichte zu schliessen? Doch dies: Wir stehen am Schnittpunkt zwischen alter und neuer Welt. Der Übergang von der alten zur neuen Schöpfung, vom alten zum neuen Menschen ist durch Christus überdeutlich markiert und durch den Heiligen Geist bestätigt.

Dieser Übergang vom alten, starren, sündigen Menschen zum neuen, erlösten, gottverbundenen Menschen ist von uns her immer neu zu vollziehen. Nur in der Kraft des Heiligen Geistes kann uns dieses Neuwerden gelingen, so wie die Apostel erst durch den Empfang des Heiligen Geistes gewandelt und zu neuen Menschen wurden.

Der Heilige Geist ist der Geist des neuen Lebens. Es ist der Geist, der verschlossene Türen öffnet und neue, weite Räume schafft, worin der Mensch wirklich atmen und leben kann. Gottes Geist hat etwas mit Weite, Offenheit, Freiheit zu tun.

Man kann sich zu Recht fragen, ob es sich mit dem Geist des Evangeliums verträgt, wenn man sich grundsätzlich allem Neuen verschliesst. Gottes Geist lässt sich nicht in alten Kisten einsperren.

Man verstehe mich nicht falsch. Ich will nicht der Neuerungssucht das Wort reden. Nicht alles, was neu ist, gehört der neuen Ordnung Gottes an. Es kann sich sehr vieles verkleiden und maskieren und den Menschen mit dem Vorwand des Neuen verführen wollen. Da gilt es kritisch zu sein. Aber ebenso gewiss ist, dass Gott uns überraschen kann und dass das Reich Gottes neu und unerwartet über uns hereinbrechen kann und wird. Auch in der überraschenden Wahl des Papstes Franziskus scheint sich etwas Neues anzukündigen - möglicherweise ein neuer Frühling in der Kirche.

Wie kann sich das Neue auch in unseren Pfarreien zeigen?
Ich möchte auf drei Aspekte hinweisen:

a) Haben wir nicht allen Grund, hie und da im Gottesdienst ein neues Lied zu singen?! Ein Lied, das die heutige Sprache spricht, welche die Menschen auch verstehen! Wenn ein neues Lied angesagt wird, sollte uns dies neu-gierig machen – statt dass wir widerwillig das Kirchengesangbuch weglegen. Eine christliche Gemeinde, die gern singt und den Glauben auch in zeitgemässen Liedern ausdrückt, darf darauf vertrauen, dass Gottes Geist in ihrer Mitte wirkt.

b) Der neue Firmweg 18+, für den sich das Bistum St. Gallen entschieden hat und der auch im Seelsorgeraum Appenzell umgesetzt wird, könnte ein Ausdruck dessen sein, dass wir die Zeichen der Zeit erkannt haben. Ein Neuaufbruch in unseren Pfarreien kann wohl nur geschehen, wenn wir die Jugendlichen auch in ihren tiefsten religiösen Sehnsüchten wieder ernster nehmen und ihnen dabei durchaus etwas zumuten. Da gilt der Grundsatz: „Man kann den Menschen nicht fördern, ohne ihn zu fordern.“

c) <u>Erneuern lassen muss jeder Christ/jede Christin sich selber</u>. Wahre Erneuerung kann weder von oben – von der Kirchenleitung - diktiert werden noch von unten, von der Basis her bewerkstelligt werden. <u>Erneuerung kommt nur von der Mitte. Und diese Mitte ist der Heilige Geist.</u> Darum ist jeder Christ/jede Christin aufgerufen, an sich das Werk der Erneuerung aus dem Heiligen Geist geschehen zu lassen. Deshalb lade ich Euch ein, das Gebet jenes unbekannten chinesischen Christen zum eigenen Gebet zu machen:

„Herr, erneuere deine Kirche und fange bei mir an.

Herr, baue deine Gemeinde und fange bei mir an.

Herr, lass Frieden überall auf Erden kommen und fange bei mir an.

Herr, bringe deine Liebe und Wahrheit zu allen Menschen und fange bei mir an“.

Gebet um den Heiligen Geist

**Komm, Heiliger Geist,
erfülle unsere Herzen mit brennender Sehnsucht
nach der Wahrheit, dem rechten Weg
und dem vollen Leben.
Entzünde in uns dein Feuer,
dass wir selber zum Licht werden,
das leuchtet und wärmt und tröstet.
Lass unsere schwerfälligen Zungen Worte finden,
die von deiner Liebe und Schönheit sprechen.
Schaffe uns neu, dass wir Menschen der Liebe werden.
Dann werden wir das Antlitz der Erde erneuern.
Komm, Heiliger Geist, erleuchte uns, stärke uns,
bleibe bei uns. Amen.**

Gebet aus der Ostkirche

WEITERE KIRCHLICHE HOCHFESTE

Dreifaltigkeitssonntag

Zur Gemeinschaft mit dem dreifaltigen Gott berufen

Unter Theologiestudenten wird folgende Episode erzählt: Ein Student musste ins Examen steigen. Dabei erging es ihm mehr schlecht als recht. Am Ende der Prüfung fragte ihn der Professor: „Können Sie mir wenigstens die Dreifaltigkeit erklären?“ Da strahlte der Student und meinte: „Ja, wenigstens das kann ich! Also, die Dreifaltigkeit kann man so erklären…“. Worauf der Professor ihn unterbricht: „Das tut mir leid, aber Sie sind durchgefallen. Die Dreifaltigkeit kann niemand erklären“.

Was als Gag unter Theologiestudenten erzählt wird, ist doch eine wichtige Anfrage an unseren christlichen Glauben. Auch wenn der Glaube an einen dreifaltigen Gott unser Vorstellungsvermögen übersteigt, so bleibt doch die drängende Frage: Wer ist Gott? Warum reden wir von einem dreifaltigen Gott? In welcher Beziehung steht dieser Gott zu uns und wir zu IHM?

Gewiss ist Gott in sich ein grosses Geheimnis. Es ist dem Menschen gemäss, sich mit diesem Geheimnis auseinanderzusetzen, weil er sein eigenes Leben nur von Gott her und auf Gott hin verstehen kann. Der französische Dichter Blaise Pascal schrieb einmal:

> „Es gibt nur zwei Arten von Menschen,
> die man vernünftig nennen kann:
> die einen, die Gott lieben, weil sie ihn kennen
> und die andern, die Gott suchen, weil sie ihn nicht kennen“.

Wir gehören wohl ein wenig zu beiden Gruppen: Wir kennen Gott und kennen ihn doch noch nicht - oder zu wenig. Darum müssen wir immer neu nach ihm suchen und nach ihm fragen.

Aber das ist unser grosses Glück: Gott kommt uns entgegen. Gott ist ein Gott auf uns Menschen hin. Das zeigt sich durch die ganze Heilsgeschichte des Alten und Neuen Testamentes. Im Alten Bund gibt Gott dem Moses seinen Namen bekannt: „Ich bin der, der für euch da ist. So will ich genannt werden in allen Generationen". Im Neuen Testament wird Gott Mensch in Jesus Christus, seinem Sohn. Jesus ist wirklich der Immanuel – der Gott mit uns Menschen. Und Gott bleibt uns nahe in seinem lebendigen und lebensschaffenden Geist.

Es ist also nicht eine Erfindung der Kirche, dass es nur e i n e n Gott gibt, aber e i n e n Gott in drei Personen. Es ist biblisch geoffenbarte Wahrheit. Gott in drei Personen meint immer auch, dass Gott in sich Liebe und Gemeinschaft ist.

Liebe aber ist immer auch schöpferisch; sie will sich mitteilen und sich verschenken. Darum hat Gott die Welt erschaffen und uns Menschen zum Leben gerufen. Und Gott will mit uns Gemeinschaft haben. Das haben wir in unserer Taufe gefeiert. Wir alle wurden auf den dreifaltigen Gott getauft: auf den Namen des Vaters und des Sohnes und des Heiligen Geistes. Wir haben im heutigen Evangelium gehört, dass Jesus selbst den Jüngern aufgetragen hat, die Menschen mit diesen Worten zu taufen.
Aber würde es denn nicht auch reichen, einfach auf den Namen Gottes zu taufen? Das wäre eine ungute Verkürzung des neutestamentlichen Gottesbildes. Es wäre auch eine Verkürzung des biblischen Menschenbildes. Was heisst denn das – auf den dreieinigen Gott getauft sein?:

- Wir sind getauft auf den Namen des Vaters. Wir gehören zu unserem Vater im Himmel. Wir sind seine geliebten Kinder. Diese Wahrheit dürfen wir im Leben nie vergessen. Was auch immer in unserem Leben geschehen und passieren wird, diese Wahrheit bleibt: Wir sind von Gott geliebt.

➢ Wir sind getauft auf den Namen Jesu, des Sohnes Gottes. Wir gehören zu Jesus Christus, Gottes Sohn. Christ sein heisst darum: zu Christus gehören. Welches Geschenk! Christus ist unser Bruder und der wunderbarste Menschenfreund. Er versteht uns, wie niemand sonst uns verstehen kann.

➢ Wir sind getauft auf den Namen des Heiligen Geistes. Wir gehören zum Heiligen Geist. Der Heilige Geist ist die Kraft der Liebe. Durch diese Liebe - durch den Heiligen Geist - wohnt Gott selber auch in unserem Herzen.

Wir sind getauft auf den Namen des dreifaltigen Gottes. Das bedeutet:
Wir sind Gott zugehörig, wir sind Gottes geliebtes Eigentum. Dieser Gott ist ein liebender Gott. Der Jesuitenpriester und geistliche Schriftsteller Anthony de Mello (1931 - 1887) hat einmal geschrieben:

> „Der grosse Wendepunkt in deinem Leben ist der Augenblick, in dem dir bewusst wird und du vollkommen annimmst, dass Gott – der dreieinige - dich bedingungslos liebt".

Jetzt spüren wir, dass der Glaube an den dreieinigen Gott keine tote Wahrheit ist, sondern zutiefst unser Leben prägt und prägen soll. Wir haben teil am göttlichen Leben des dreieinigen Gottes, der Liebe und Gemeinschaft ist.

Fronleichnam (A)

Christentum heisst: zusammen essen

Einer, der sich in der Bibel besonders gut auskennt (Bibelwissenschaftler Franz Mussner) wurde einmal gefragt: „Was ist der Kern – das Wichtigste – des Christentums?"

Das Wichtigste des Christentums?

Was würden wohl wir darauf antworten? Da gäbe es wohl viele Antworten. Die einen würden vielleicht sagen: „Die Liebe zu Gott ist das Wichtigste". wenn Gott und seine Botschaft nur ernster genommen würde! Andere würden sagen: „Die Liebe zum Mitmenschen ist das Wichtigste". Wenn die Nächstenliebe nur mehr gelebt würde! Und wieder andere würden vielleicht sagen: „Leben und leben lassen", sei das Wichtigste.

Was aber sagte Franz Mussner?: „Das Wesen des Christentums besteht darin, zusammen zu essen." Sicher dachte er dabei vor allem an die Eucharistie.

Von Essen und Trinken hat Jesus ja auch im heutigen Evangelium gesprochen. Und was sollen wir essen und was sollen wir trinken? Ihn selber sollen wir empfangen – seinen heiligen Leib - und von seinem Blut sollen wir trinken. Aber ist denn das möglich? Wie meint denn Jesus das?
Damals, als Jesus das sagte, kam es zum Streit unter den Juden: „Wie kann er uns sich selber zu essen geben?" Und jede Generation streitet sich neu darüber, wie das möglich sei. An der Eucharistie – und wie wir das verstehen sollen - daran scheiden sich die Geister.

Es ist sicher ein Geheimnis des Glaubens, das wir nie ganz verstehen können. Aber ist das unserer Erfahrungswelt so fremd? Es gibt doch in der

Lebensgeschichte jedes Menschen eine Lebensphase, in der jeder sich tatsächlich vom Fleisch und Blut eines anderen ernährt: Es ist die Situation des ungeborenen Kindes im Mutterleib. Jedes von uns hat sich 9 Monate lang buchstäblich vom Fleisch und Blut seiner Mutter ernährt. Auch das ist doch schon wunderbar.

„Tut dies zu meinem Gedächtnis"

Ebenso wunderbar – ja noch viel wunderbarer ist es, dass wir uns von der Liebe Jesu ernähren dürfen. Zum Zeichen dafür schenkt sich uns Jesus im Zeichen von Brot und Wein. Und im Glauben bekennen wir: Es ist Jesus selber, der sich uns zur Nahrung gibt.

In jeder heiligen Messe dürfen wir das erleben. Wir feiern die heilige Messe, weil Jesus selber uns das aufgetragen hat: „Tut dies zu meinem Gedächtnis!" Das heisst: Wir sollen immer wieder zusammenkommen, Jesus in unserer Mitte feiern und ihn empfangen im eucharistischen Mahl. „Tut dies zu meinen Gedächtnis!". Dieses Wort Jesu müssten sich viele Christen noch viel mehr zu Herzen nehmen. Denn die Feier der Eucharistie ist die Mitte und der Höhepunkt des kirchlichen Lebens.

„Gebt ihr ihnen zu essen!"

Jesus möchte uns heute noch ein ganz wichtiges Wort sagen. „Gebt ihr ihnen zu essen!" Dieses Wort erinnert uns an die Aufforderung Jesu, die er vor der eucharistischen Brotrede an seine Jünger gerichtet hat. Diese Szene müsste uns gegenwärtig sein: das Wunder der wunderbaren Brotvermehrung. Viele Menschen sind Jesus gefolgt an einen abgelegenen Ort, um ihn zu hören. Es wird Abend. Die Jünger kommen zu Jesus und sagen ihm: „Es ist schon spät; schick die Leute weg, damit sie sich etwas zu essen kaufen können". Da sagt Jesus zu ihnen: „Gebt ihr ihnen zu essen!" Und dann geschieht das Wunder, dass Fünftausend genug zu essen bekommen. Ein paar Brote und getrocknete Fische reichen für alle, weil sie bereit sind zu teilen.

„Gebt ihr ihnen zu essen“ und das „Tut dies zu meinem Gedächtnis“. Diese beiden Jesusworte gehören zusammen. „Tut dies zu meinem Gedächtnis“ ist die Aufforderung Jesu, immer wieder miteinander das eucharistische Mahl zu feiern und dabei an die Liebe Jesu zu denken, die er uns gezeigt hat bis zum Tod.

„Gebt ihr ihnen zu essen“ meint: Seid bereit zu teilen, damit alle Menschen zu leben haben. Teilt miteinander das Brot und teilt miteinander das Leben und eure Zeit. So wie es Jesus getan hat. Werdet selber wie Brot für andere durch euer Gutsein.

„Christentum heisst: zusammen essen“. Jetzt verstehen wir das Wort des Bibelwissenschaftlers noch besser: Wir kommen zusammen und feiern das eucharistische Mahl und nähren uns von der Liebe Jesu. Und wir tragen mit dazu bei, dass alle Menschen zu essen und zu leben haben. Nur wenn wir beides tun, kann Jesus wirklich in unserer Mitte bleiben.

Fronleichnam (B)

Erinnerung an Jesus - bis er kommt

Wer kennt das nicht - ein Erinnerungsalbum? „Meine Freunde“ steht meistens darauf. Früher, als ich selber den Erstkommunikanten Religionsunterricht erteilt hatte, haben mich die Schüler öfters gebeten, in ein solches Erinnerungs-Album zu schreiben, ein Foto von mir einzukleben und dazu gute Wünsche für ihr Leben.

In diesen Alben haben vor allem die Mitschüler und auch die Lehrpersonen oder auch Gotte und Götti - oft auch die Eltern - hineingeschrieben. Der Sinn eines solchen Albums ist es, dass man später gerne an diese Zeit zurückdenkt und sich an die gemeinsame Zeit erinnert. Das Album - ein Erinnerungszeichen!

Jesus hat auch seinen Jüngern ein Erinnerungszeichen hinterlassen. Was könnte das sein? Ein Foto? Nein, das gab es damals noch nicht! Etwas Geschriebenes, ein Gedicht? Wie ein Poesiealbum! Nein, die meisten Leute konnten damals ja weder lesen noch schreiben. Es muss irgend etwas sein, bei dem alle erkennen: Ja, das ist Jesus, das ist typisch von Jesus.

Jesus feiert gerne, er isst und trinkt mit den Menschen

Typisch für Jesus war, dass er gerne mit den Menschen gegessen und getrunken hat - auch mit den Aussenseitern, mit den Zöllnern und Sündern. Das hat vielen nicht gepasst. Aber Jesus bleibt dabei. Er will allen Menschen seine Freundschaft und Gemeinschaft schenken.

Jesus gibt den Menschen Brot

Jesus hat die Menschen auch satt gemacht. Mehrmals haben die Leute erlebt, dass sie mit Jesus an einem Ort waren, wo es nichts zu essen gab. Jesus sah ihre Not. Und er gab ihnen zu essen. Alle wurden satt. Im Evangelium haben wir heute eine solche Geschichte gehört. Und Jesus will, dass wir diese Geschichte weiterführen und teilen. „Gebt ihr ihnen zu essen“, sagte Jesus zu den Jüngern. Wenn die Menschen von heute wirklich zu teilen beginnen, dann halten wir die Erinnerung an Jesus wach, dann kann das Wunder der Brotvermehrung auch heute wieder geschehen.

Jesus schenkt sich im Brot

Aber Jesus gibt noch mehr als Brot für den Leib; er schenkt auch Brot für die Seele, Brot für das Herz. Und in diesem Brot schenkt er sich selbst. Wir haben es in der Lesung gehört: „Das ist mein Leib für euch. Tut dies zu meinem Gedächtnis“. Im Kelch ist Wein. Jesus sagt: „Das ist der neue Bund in meinem Blut! Tut dies, sooft ihr daraus trinkt, zu meinem Gedächtnis!“

Jesus hat seinen Leib für uns hingegeben und sein Blut für uns vergossen - am Kreuz. Das ist für uns so wichtig, dass man dies nie vergessen darf. In Erinnerung daran hat Jesus die heilige Eucharistie, die heilige Messe eingesetzt. In einem Lied, das wir heute vor der Kommunion singen werden, heisst es: „Nehmt, esst und trinkt, damit ihr nie vergesset, was meine Liebe tut“ (KG 138).

Jesus sagt. „Tut dies zu meinem Gedächtnis“. Gedächtnis - ein schwieriges Wort, das wir in jeder Messe hören. Gedächtnis kommt von „Daran denken“. Jesus meint damit: Wenn ihr mit Brot und Wein die heilige Messe feiert, dann denkt ihr ganz fest an mich, dann bin ich selber in eurer Gemeinschaft da. Jesus hätte uns kein schöneres Erinnerungszeichen geben können: so einfach, so typisch für ihn.

Jesus hat uns viel mehr hinterlassen als ein Erinnerungsalbum. Sein Erinnerungszeichen - das ist er selber mitten unter uns - ganz besonders in der heiligen Messe. Und er ist und bleibt unser bester Freund. Im eucharistischen Brot ist Jesus selber da, für uns da - lebendig unter uns. Das ist doch wunderbar.

Herz-Jesu-Fest

In Jesus Christus schlägt Gottes Herz für uns alle

Vor einigen Jahren erschien ein Buch mit dem Titel: "Wer ist Jesus von Nazareth - für mich?" In diesem Buch versuchen 100 Menschen unserer Zeit auf diese Frage eine Antwort zu geben.
"Wer ist Jesus für mich?" - Welche Antwort würden Sie darauf geben? Lothar Zenetti hat auf diese Frage in einem Wortspiel eine wunderbare Antwort gegeben:

"Was Jesus für mich ist?
Einer, der für mich ist!
Was ich von Jesus halte.
Das ist einer, der mich hält".

Wer ist Jesus - für mich? Die Antwort auf diese Frage hat auch Heinrich Engel sehr tiefsinnig für uns in treffenden Worten ausgedrückt:

Wer ist Jesus - für mich?
"Er liebt uns" - sagen die Liebenden.
"Wir sehen alles neu" - sagen die Blinden.
"Er ist unser Brot" - sagen die Hungernden.
"Er ist unser Weg" - sagen die Suchenden.
"Er lehrt uns eine neue Sprache" - sagen die Stummen.
"Er hat uns gefunden" - sagen die Verlorenen.
"Er leidet mit uns" - sagen die Verfolgten.
"Er schenkt uns das Leben" - sagen die Sterbenden.
"Er ist einer von uns geworden und wir gehören zu ihm" - sagen die Armen.

Wenn man all diese Aussagen in einem Wort zusammenfassen wollte, dann müsste man es tun in dem einen Wort: "**Jesus hat ein Herz für uns**". Er hat ein Herz für alle Menschen. Das Innerste seines Wesens ist die

Liebe. Tieferes und Grösseres können wir von Jesus nicht sagen. Das Geheimnis seiner Liebe feiern wir dankbar am Herz-Jesu-Sonntag.

Gottes Liebe im Bund mit dem Volk Israel

Nun wäre es aber ein Missverständnis, wenn wir nicht auch schon Gott im Alten Testament als Gott der Liebe bezeichnen würden. Denn dieser Gott ist der Vaters unseres Herrn Jesus Christus. Dutzende von Stellen im Alten Testament bestätigen, dass das Innerste vom Wesen Gottes Liebe ist: Gott hat ein Herz für die Menschen. So heisst es im Buch Deuteronomium: "Der Herr hat euch ins Herz geschlossen" (Dtn 7,7). Damit unterstreicht Mose die Liebe Gottes zu seinem Volk Israel. Was das bedeutet, durfte das Volk in seiner vielgestaltigen Geschichte immer wieder erfahren: Gott rettet; Gott heilt, Gott hört den Schrei des gequälten Volkes. Gott hat ein Herz für sein Volk. Sein Wesen ist Liebe und Treue, Güte und Erbarmen.

In Jesus Christus schlägt Gottes Herz für uns alle

Noch deutlicher hat sich die Gottes Liebe in Jesus Christus gezeigt. In Jesus Christus schlägt Gottes Herz für uns und für die ganze Welt. Christus hat vor allem ein Herz für die Kleinen, die Geringen, für jene, die niemand beachtet und die im Schatten des Lebens stehen. So haben wir es im heutigen Evangelium gehört (Mt 11,25-30). Er teilt mit uns das Leben; unser Schicksal wird sein Schicksal. Gerade so will er uns helfen, uns erlösen, uns erretten aus unserer Verlorenheit und aus unseren Abgründen. Gerade so erweist er sich als ein Gott mit uns und für uns Menschen. Eine kleine Geschichte möchte dies verdeutlichen:

Ein Mann fiel in einen tiefen Brunnen und schrie um Hilfe.
Buddha kam vorbei, hörte sein Rufen und tröstete: "Alles Leben ist Leiden. Finde dich damit ab!"

Konfutse kam vorbei, beugte sich über den Brunnenrand und sagte: "Wenn du mir entgegenspringst, ziehe ich dich heraus". Der Mann versuchte es, aber er war zu schwach und fiel noch tiefer in den Schacht.

Auch Jesus kam vorbei. Er warf seinen Mantel ab, stieg in den Brunnen hinein, nahm wortlos den Verlorenen auf seine Schulter und trug ihn aus dem Schacht ins Licht.

So ist Jesus. Weil er ein Herz hat für alle Menschen, besonders für die Verlorenen, legt er seine göttliche Herrlichkeit ab, steigt in die Niederungen dieser Welt, solidarisiert sich mit uns Menschen und rettet uns aus unserer Verlorenheit. Und er hat seine Liebe erwiesen bis zum Letzten, bis zu seiner Hingabe am Kreuz. Mehr als sein Leben konnte er nicht geben.

„Gott ist die Liebe“ (1 Joh 4,14). So haben wir es in der heutigen Lesung gehört. Christus ist die Liebe. Gott hat ein Herz für uns. Christus hat ein Herz für uns. Das will uns das Herz-Jesu-Fest jedes Jahr neu bewusst machen.

Daraus ergeben sich nun für uns zwei wichtige Konsequenzen:

1. Gottes Liebe dankbar annehmen

Wer um die Liebe Jesu weiss und daran glaubt, wird diese Liebe dankbar annehmen. Das Geschenk der Liebe und der Freundschaft Jesu ablehnen oder ihm gleichgültig gegenüber stehen, wäre undankbar. Jesus erwartet von uns, dass wir uns seiner Liebe öffnen und sie mit gläubigem Herzen aufnehmen. Ein Glaubender unserer Tage drückte dies einmal so aus:

"Mich lieben lassen von Dir, o Herr,
das ist meine wahre Liebe zu Dir".

Wer sich von Christus lieben lässt, wer sich von seiner Liebe beschenken lässt, steht anders im Leben. Er erfährt sich selber als liebenswert, d.h. der

Liebe wert. Sein Leben erhält Tiefe und Weite, Sinn und Ziel. Wie können wir zeigen, dass wir Gottes Liebe, die Liebe Jesu annehmen?

- Wer betet und auf Gottes Wort hört, nimmt Gottes Liebe immer tiefer in sein Leben auf.
- Wer an der hl. Eucharistie teilnimmt und gläubig die heilige Kommunion empfängt, ist offen für Gottes Liebe.
- Wer zu seinem eigenen Leben Ja sagt und es dankbar annimmt, ist offen für Gottes Liebe. Denn damit bekennt er, dass er sein Leben nicht sich selber verdankt, sondern Gottes schöpferischer Liebe.

2. Gottes Liebe weiterschenken

Weil Gott ein Herz für uns hat, sollen auch wir füreinander ein Herz haben. Die Liebe muss ein Kennzeichen des Christen und der christlichen Gemeinde sein. Wir nennen uns Christen. Wir sind dann wirkliche Christen, wenn wir Christus in seiner Liebe ähnlich werden. Über die ersten Christen urteilte die heidnische Umwelt mit diesen Worten: „Seht, wie sie einander lieben". Liebe aber ist immer konkret. Sie zeigt sich in guten Worten und Taten, in gegenseitiger Wertschätzung, im Zeithaben füreinander, im Teilen von Freude und Leid, auch im Verzeihen und Vergeben...

Liebe Mitchristen. Lassen wir uns immer mehr von der Liebe Jesu - von der Liebe seines göttlichen Herzens - berühren und beschenken. So werden wir selber Menschen mit einem gütigen Herzen. Und unser Leben wird Gott ehren und den Menschen Segen bringen.

Allerheiligen (A)

Berufen zur Heiligkeit im Licht der Seligpreisungen

Von der kleinen Thérèse Martin, der späteren Theresia von Lisieux wird folgendes berichtet: Als sie noch ein kleines Mädchen war, wurde sie gefragt, was sie einmal werden möchte, wenn sie gross sei. Da sagte sie: "Ich möchte eine Heilige werden". Sie erntete dafür nur ein mitleidiges Lächeln. Würden heute die Leute von einem Kind eine solche Antwort hören, wäre es wohl kaum anders. Man würde es als naiv und als noch unerfahren belächeln. Wenn gar ein Jugendlicher oder ein Erwachsener sagen würde, er möchte ein Heiliger werden, würden viele einen solchen Menschen nicht ernst nehmen, sondern als weltfremd und "verschroben" betrachten. Dabei geht es bei der Berufung zur Heiligkeit um eine Grundforderung des Evangeliums: "Seid heilig, wie er, euer Gott, heilig ist" (1 Joh 3,3). So haben wir in der heutigen Lesung gehört.

Zur Heiligkeit berufen sein, heisst: Das Lebensideal des Heiligen - Jesus Christus selbst - sich zu eigen machen, Christus nachzueifern, seine Worte und Weisungen zum Massstab des eigenen Lebens und Handelns zu machen? Christus soll in uns so lebendig sein, dass alle, die uns begegnen, etwas von seiner Liebe und Güte und seinem Frieden spüren und erfahren. Das ist alles andere als eine leichte Sache, sondern sehr anspruchsvoll und herausfordernd.
Den Schlüssel zur Heiligkeit, wie Gott sie meint, haben wir im heutigen Evangelium von den Seligpreisungen gehört. Dazu nur ein paar Hinweise:

- **Selig, die arm sind vor Gott; denn ihnen gehört das Himmelreich**.

Das sind jene Menschen, die wissen, dass sie mit leeren Händen vor Gott stehen; denen bewusst ist, dass alles im Leben ein Geschenk ist, dass sie alles letztlich von Gott empfangen.

➢ **Selig die Trauernden, denn sie werden getröstet werden**. Wenn wir um einen lieben Menschen trauern, der gestorben ist, können wir trotzdem wieder glücklich und fröhlich werden, weil wir hoffen dürfen, dass er bei Gott und seiner Liebe aufgehoben ist.

➢ **Selig, die keine Gewalt anwenden.** Das sind jene, die den Kreislauf des Bösen mit Liebe zu durchbrechen suchen, die auf dem Weg der Gewaltlosigkeit ein neues Klima von Verständigung unter den Menschen schaffen.

➢ **Selig, die hungern und dürsten nach Gerechtigkeit**. Das sind jene, die sich einsetzen für die Armen und Rechtlosen - so wie sich Jesus für die Rechtlosen und Wehrlosen stark gemacht hat.

➢ **Selig, die Barmherzigen, denn sie werden Erbarmen finden**. Das sind jene, die ein Herz haben für alle, die im Leben „arm dran" sind. Arm dran sind vor allem jene, die keinen Lebeenssinn mehr sehen oder niemanden haben, der sie versteht und zu ihnen steht. Wer dem Leiden und der Not anderer gütig und barmherzig begegnet, wird selber Gottes Barmherzigkeit erfahren.

➢ **Selig, die reinen Herzens sind**. Das sind jene, die ihre Herzen von Betrug, Geltungssucht und Habsucht frei machen, die den Mitmenschen ganz lauter und ehrlich begegnen.

➢ **Selig, die Frieden stiften**. Das sind jene, die Gott in ihr Herz aufnehmen, weil „Gott der Friede ist" und die dann den Frieden auch weitergeben.

➢ **Selig, die um der Gerechtigkeit willen verfolgt werden; ihnen gehört das Himmelreich.** Man wird jenen, die sich für die Gerechtigkeit einsetzen, immer wieder Steine und Hindernisse in den Weg legen. Aber sie vertrauen auf Gott und seine Hilfe und lassen sich nicht beirren. Sie schauen auf

Jesus Christus, den man auch verfolgt hat, der aber am Ende als Sieger aus allem hervorgegangen ist.

Liebe Gläubige. Vielleicht haben wir jetzt erkannt, dass der Weg der Seligpreisungen der wahre Weg zur Heiligkeit ist. Dieser Weg ist alles andere als harmlos, sondern sehr anspruchsvoll. Da gibt es nichts zu belächeln. Die Seligpreisungen wollen uns zeigen, wie wir als Christen leben können. Diesen Weg kann man nur gehen, wenn man auf Christus und sein Beispiel schaut. Er ist das Urbild und Vorbild wahrer Heiligkeit. Die Heiligen haben versucht, in der Nachfolge ihren Weg zu gehen. Auch wir sind berufen, in den Spuren Jesu unser Leben zu gestalten. Der Weg der Nachfolge Jesu ist der Weg zum Glück, zu einem erfüllten Leben, der Weg zur Heiligkeit.

Allerheiligen (B)

Möchten Sie ein Heiliger / eine Heilige werden?

Vor ein paar Jahren habe ich im Religionsunterricht bei den Sekundarschülern eine kleine Umfrage gemacht. Die Frage lautete: „Möchtest Du ein Heiliger, eine Heilige werden? Wenn ja, warum? Wenn nein, warum nicht?“ Die Antworten waren interessant. Die einen schrieben: „Nein, ich möchte kein Heiliger / keine Heilige werden. Denn die Heiligen sind doch komische Menschen. Ich aber möchte normal sein und normal bleiben“. Andere schrieben: „Ja, ich möchte eine Heilige / eine Heilige werden. Dann wäre ich berühmt. Und alle Menschen würden mich bewundern und bestaunen“.

Wohl keine dieser Antworten trifft ins Schwarze. Ich versuchte dann den Schülern zu erklären, woher das Wort „Heilig – Heiligkeit“ kommt. Heilig kommt von „heil, gesund, ganz“. Heiligkeit meint ganz Mensch sein, wie es unserem tiefsten Wesen entspricht. Und plötzlich war Heiligkeit ein erstrebenswertes Ziel für alle.

Und das müsste es für uns alle sein. Heiligkeit bedeutet: in Einklang stehen mit sich selber, mit den Mitmenschen und mit Gott. Wer möchte das nicht?

Die Heiligen unter uns

Und plötzlich steht Allerheiligen mitten in unserem Leben. Allerheiligen ist nicht nur das Fest derer, welche die Kirche offiziell als heilig erklärt, heiliggesprochen hat. Dieser Tag ist auch das Fest der vielen kleinen, unbekannten Leute, die schlicht und einfach ihr Christsein gelebt haben und leben. Und da können wir sagen: Die Heiligen sind auch mitten unter uns:

- Zu den vielen unbekannten Heiligen gehören alle, die den Sinn des Lebens darin sehen, für andere zu leben: als Vater und Mutter, als Erzieherin, als Seelsorger, als Krankenschwester, als Altersbetreuer...

- Zu den vielen unbekannten Heiligen gehören alle, die in der Tiefe ihres Herzens eine grosse Sehnsucht spüren nach Glück, Heil, Leben und Liebe – und von der sie wissen, dass nur Gott sie erfüllen kann.

Kennzeichen der Heiligkeit

Welches sind denn die Kennzeichen der Heiligkeit? Der wunderbare Jugendseelsorger und Priester Johannes Bosco (1815 – 1888) sagt das so: **„Für uns besteht die Heiligkeit darin, dass wir fröhlich sind. Der Herr liebt, dass man das, was man für ihn tut, mit Freude tut“.** Aus diesem Wort wird klar, dass Heiligkeit etwas Frohes und Beglückendes und Lebensbejahendes ist.

In die gleiche Richtung weist ein Chronist, der über Elisabeth von Thüringen schreibt: **„Man konnte sie nicht anschauen, ohne froh zu werden“**. Aus ihr strahlte etwas von der Güte und Menschen-

Freundlichkeit Gottes. Die Liebe Gottes war in ihr so lebendig, dass sie sich auch nach aussen zeigte.

Und da kommen wir zum springenden Punkt, was wahre Heiligkeit bedeutet: Es ist gewiss etwas Grosses, wenn wir für Christus etwas tun. Aber es ist noch viel mehr, wenn Christus in uns so lebendig ist, dass er durch uns wirkt, durch uns handelt, durch uns seine Liebe den Menschen weiterschenkt.

In Christus sein

Das tiefste Geheimnis der wahren Heiligkeit ist demnach: in der Gemeinschaft und in der Freundschaft mit Christus zu leben. Oder anders gesagt: „Ganz in Christus zu sein. ER in uns – wir in IHM". Der Apostel Paulus formuliert es so: „Nicht mehr ich lebe; Christus lebt in mir". Diese innige Gemeinschaft mit Christus wurde bei uns in der Taufe sakramental begründet und in der Firmung bestätigt. Diese Gemeinschaft mit Christus wird in jeder heiligen Messe gefeiert und vertieft. Diese Gemeinschaft mit Christus wird auch in der Begegnung mit Menschen spürbar und erfahrbar, wenn uns bewusst wird, dass jeder Träger göttlichen Lebens ist.

Wir alle sind schon Geheiligte – aus Gnade. Es geht darum, sich dessen noch tiefer bewusst zu werden und unser Innerstes noch mehr dem Licht und der Liebe Gottes zu öffnen. Dann kann Christus in uns und durch uns wirken. Ein eindrückliches Beispiel wird uns diesbezüglich aus dem 2. Jahrhundert überliefert: von Bischof Ignatius von Antiochien. Von ihm ist historisch bezeugt, dass er als Glaubenszeuge nicht nur mit Christus lebte, sondern auch als Glaubenszeuge für ihn starb. Er wurde den wilden Tieren vorgeworfen und von ihnen zerfetzt. Die Legende nun erzählt, dass der römische Soldat, der ihn zur Hinrichtung führte, sehr beeindruckt war, mit welchem Mut er den Märtyrertod auf sich nahm. Nach seinem Tod habe er den Leichnam geöffnet, um zu sehen, was sein Geheimnis war. Da fand er mit goldenen Lettern auf seinem Herzen die drei Buchstaben geschrieben: **JHS**. Es sind die drei Anfangsbuchstaben des Namens Jesu: „**Jesus Hominum Salvator**" = Jesus, der Menschen Erlöser. Diese Legende will sagen, dass Jesus selber sein tiefstes Geheimnis war. Jesus – sein Wort, seine Liebe, sein Friede – soll auch das tiefste Geheimnis unseres Lebens werden und sein: Jesus Christus im Herzen tragen. Dann sind wir auf dem Weg zum wahren Mensch- und Christsein, auf dem Weg zur Heiligkeit.

Christkönigssonntag

Jesus Christus am Kreuz – ein König voll Liebe und Erbarmen

Am Ende des Kirchenjahres feiern wir das Fest von Jesus Christus, des Königs über alle Zeit und Ewigkeit. Aber statt so etwas wie königliche Pracht zu entfalten, konfrontiert uns dieser Tag mit den letzten Minuten Jesu am Kreuz. Wir erleben Jesus nackt und entkräftet, leidend und dem Tod nahe in seinen letzten Minuten. Der König stirbt – nicht wie in einem ritterlichen Kampf, nicht heldenhaft auf einem Feldzug, sondern wie der „Allerletzte" am Schandpfahl des Kreuzes. Der König stirbt, öffentlich und für alle sichtbar. Was ihn umgibt, ist der Hohn und der Spott der Soldaten und der führenden Leute des Volkes.

Aber Jesus bewahrt bis zuletzt seine menschlich-göttliche Haltung. Immer wollte er ganz Ohr und ganz Herz sein für die Menschen, die in ihren Nöten zu ihm gekommen sind. Zwischen all den Beleidigungen und Fluchworten, mit denen die Umstehenden Jesus beschimpfen, hört er auch jetzt den flehentlichen Bittruf des eines, der mit ihm gekreuzigt wurde. Dieser stimmt nicht in das Gegröle der Menge ein; er bittet Jesus reuevoll um ein barmherziges Gedenken, wenn ER die Schwelle des Todes überschritten hat. Und Jesus überhört trotz des eigenen Todeskampfes seine flehentliche Bitte nicht. Er verheisst ihm, dass Gott ihm seine Schuld vergibt und dass er ihm in die neue Welt Gottes – ins Paradies – folgen werde. Jesus ist ein König voll Liebe und Erbarmen.

Zu einem solchem königlichen Gott-Menschen können wir aufschauen und zu ihm Vertrauen haben. Wir alle, die wir hier sind, versuchen wohl, in der Nachfolge Jesu zu stehen. In der Nachfolge Jesu stehen aber heisst: sich um die Haltung und Gesinnung Jesu bemühen. Vom heutigen Evangelium her müsste dies in **dreifacher Weise** geschehen:

1. Auch in Not und Bedrängnis an Gott festhalten. Jesus war ganz in der Liebe seines Vaters verankert. Das gab ihm Halt und Kraft bei allen Widerständen, die er erfahren und erleiden musste. Ohne die tiefe Verbindung mit dem Vater wäre wohl auch Jesus gescheitert.

Niemand von uns wird von Not und Bedrängnis bewahrt - sei es von aussen oder von innen. Je tiefer wir aber mit Gott verbunden sind - im Gebet, im Glauben, in der Liebe - desto besser werden wir die Angriffe überstehen und werden unsere menschlich-göttliche Würde bewahren.

2. Das heutige Evangelium, ja Jesus selber lehrt uns, dass wir uns jener annehmen sollen, die unser Erbarmen und unsere Zuwendung besonders nötig haben. Es gibt immer Menschen in unserer Nähe, die unsere Aufmerksamkeit brauchen. Oft sind wir gerade dann unseren leidenden Mitmenschen am nächsten, wenn wir selber mit Leid vertraut sind, wenn wir das Kreuz aus eigener Erfahrung kennen. Das hat uns Jesus modellhaft gezeigt, indem er am Kreuz - selber in äusserster Not - sich des leidenden Schächers annahm. Wer sich in die Not des andern hinein fühlen kann, sich dieser Not annimmt und sich damit solidarisch zeigt, ist ein königlicher Mensch – ist Christus ähnlich.

3. In der Nachfolge Jesu stehen heisst drittens: **Wie Jesus seinen Feinden verziehen hat, so sollen wir jenen verzeihen, die uns Böses antun.** Im gleichen Lukasevangelium heisst es, dass Jesus auch den anderen, die ihn so grausam zu Tode gequält haben, verziehen hat: „Vater, vergib ihnen; denn sie wissen nicht, was sie tun“ (Lk 23,34) Er hat sie entschuldigt im wahren Sinn des Wortes (ent – schuldigen = von Schuld befreien). Da trifft ein Wort von Gertrud von Le Fort zu: „Im Verzeihen des Unverzeihlichen sind wir der göttlichen Liebe am ähnlichsten“. Wir können am ehesten dann von Herzen verzeihen, wenn wir das Gebet Jesu am Kreuz auch zu unserem Gebete machen: „Vater, vergib ihnen, denn sie wissen nicht, was sie tun!“ Wer so betet, bleibt innerlich frei von Hass und Rachegefühlen. Er bleibt ein königlicher Mensch; er ist Christus ähnlich.

Wir alle sind aufgefordert, die Gesinnung und Haltung Jesu auch für unser Leben zu übernehmen. Wenn wir so leben und handeln wie Jesus, haben wir das Christkönigsfest am besten verstanden.

Im Geiste Jesu leben

Denk du in mir, o Jesus,
dann denk ich licht und klar.
Sprich du aus mir, o Jesus,
dann sprech ich mild und wahr.
Wirk du durch mich, o Jesus,
gerecht ist dann mein Tun,
geheiligt meine Arbeit,
geheiligt auch mein Ruh‘n.
Erfüll mein ganzes Wesen,
durchdring mein ganzes Sein,
dass man aus mir kann lesen
die grosse Liebe dein. Amen.

Printed by Books on Demand GmbH, Norderstedt / Germany